CB050204

SANDUÍCHES
especiais
receitas clássicas e contemporâneas

SANDUÍCHES
ESPECIAIS
receitas clássicas e contemporâneas

Vinícius Martini Capovilla
Eduardo Mandel
Felipe Soave Viegas Vianna

Editora Senac São Paulo – São Paulo – 2015

Administração Regional do Senac no Estado de São Paulo
Presidente do Conselho Regional
Abram Szajman
Diretor do Departamento Regional
Luiz Francisco de A. Salgado
Superintendente Universitário e de Desenvolvimento
Luiz Carlos Dourado

Editora Senac São Paulo
Conselho Editorial
Luiz Francisco de A. Salgado
Luiz Carlos Dourado
Darcio Sayad Maia
Lucila Mara Sbrana Sciotti
Luís Américo Tousi Botelho

Gerente/Publisher
Luís Américo Tousi Botelho
Coordenação Editorial
Ricardo Diana
Prospecção
Dolores Crisci Manzano
Administrativo
Verônica Pirani de Oliveira
Comercial
Aldair Novais Pereira

Edição de Texto
Rafael Barcellos Machado
Preparação de Texto
Heloisa Hernandez e Karinna A. C. Taddeo
Revisão de Texto
Gabriela L. Adami e Carolina Hidalgo
Projeto Gráfico, Capa e Editoração Eletrônica
Antonio Carlos De Angelis
Fotografias
Estúdio Gastronômico
Coordenação de E-books
Rodolfo Santana
Impressão e Acabamento
Maistype

Proibida a reprodução sem autorização expressa.
Todos os direitos desta edição no Brasil reservados à Editora Senac São Paulo
Av. Engenheiro Eusébio Stevaux, 823 – Prédio Editora
Jurubatuba – CEP 04696-000 – São Paulo – SP
Tel. (11) 2187-4450
editora@sp.senac.br
https://www.editorasenacsp.com.br

© Editora Senac São Paulo, 2015

Dados Internacionais de Catalogação na Publicação (CIP)
(Jeane Passos de Souza - CRB 8ª/6189)

Capovilla, Vinícius Martini
Sanduíches especiais : receitas clássicas e contemporâneas / Vinícius Martini Capovilla, Eduardo Mandel, Felipe Soave Viegas Vianna; prefácio de Ana Luiza Trajano. – São Paulo: Editora Senac São Paulo, 2015.

Bibliografia
ISBN 978-85-396-0897-3

1. Gastronomia 2. Culinária 3. Sanduíches (receitas e preparo) I. Mandel, Eduardo. II. Vianna, Felipe Soave Viegas III. Título.

	CDD 641.84
15-342s	BISAC CKB121000

Índice para catálogo sistemático:
1. Sanduíches (receitas e preparo)   641.84

SUMÁRIO

7 Nota do editor
9 Agradecimentos
10 Prefácio | Ana Luiza Trajano
12 Introdução
17 Como montar um sanduíche
20 Momento profissa – Técnicas
22 Como usar este livro

24 **Canarinhos**

54 **Gringos**

88 **Hambúrgueres**
92 Informações para a produção da massa do hambúrguer

122 **Molhos e acompanhamentos**

163 Bibliografia
165 Índice de receitas
167 Sobre os autores

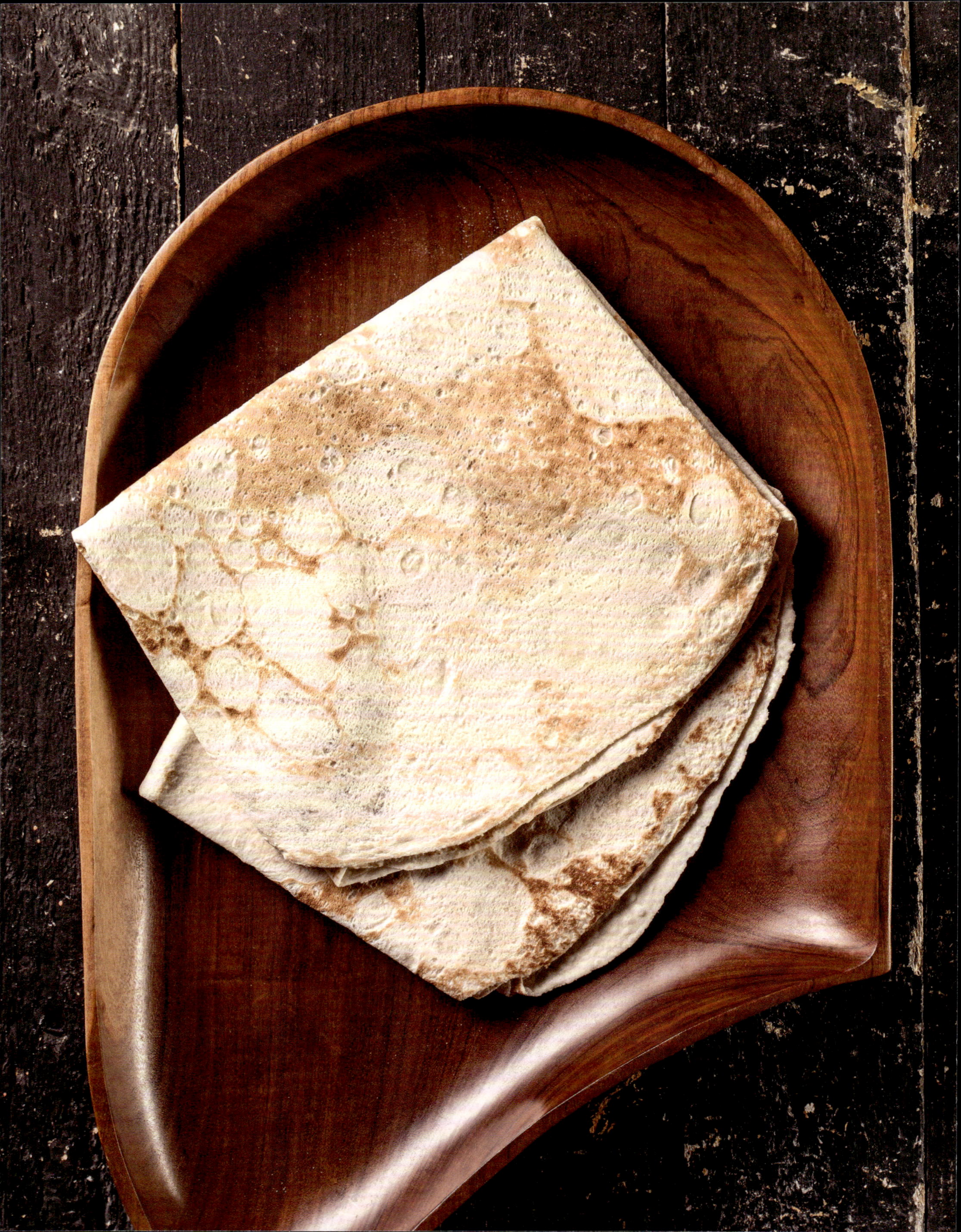

NOTA DO EDITOR

O bom e velho sanduíche, em todas as suas formas e variações, é uma alternativa alimentar ao mesmo tempo clássica e contemporânea. Clássica porque suas origens remontam às lendas do século XVIII sobre o conde de Sandwich (saiba mais na introdução deste livro); e contemporânea porque esse lanche hoje se moderniza e se valoriza principalmente por meio de restaurantes especializados.

Resgatando essas duas características, **Sanduíches especiais: receitas clássicas e contemporâneas** apresenta uma bela coletânea de lanches famosos tanto no Brasil quanto no exterior – todos adaptados com o toque dos autores Vinícius Capovilla, Eduardo Mandel e Felipe Vianna. Nos próximos capítulos, você encontrará uma breve e descontraída introdução histórica sobre o popular "sanduba", seguida por saborosas e variadas receitas, além de uma seção própria para hambúrgueres e outra só para molhos e acompanhamentos.

Boa leitura e bom apetite!

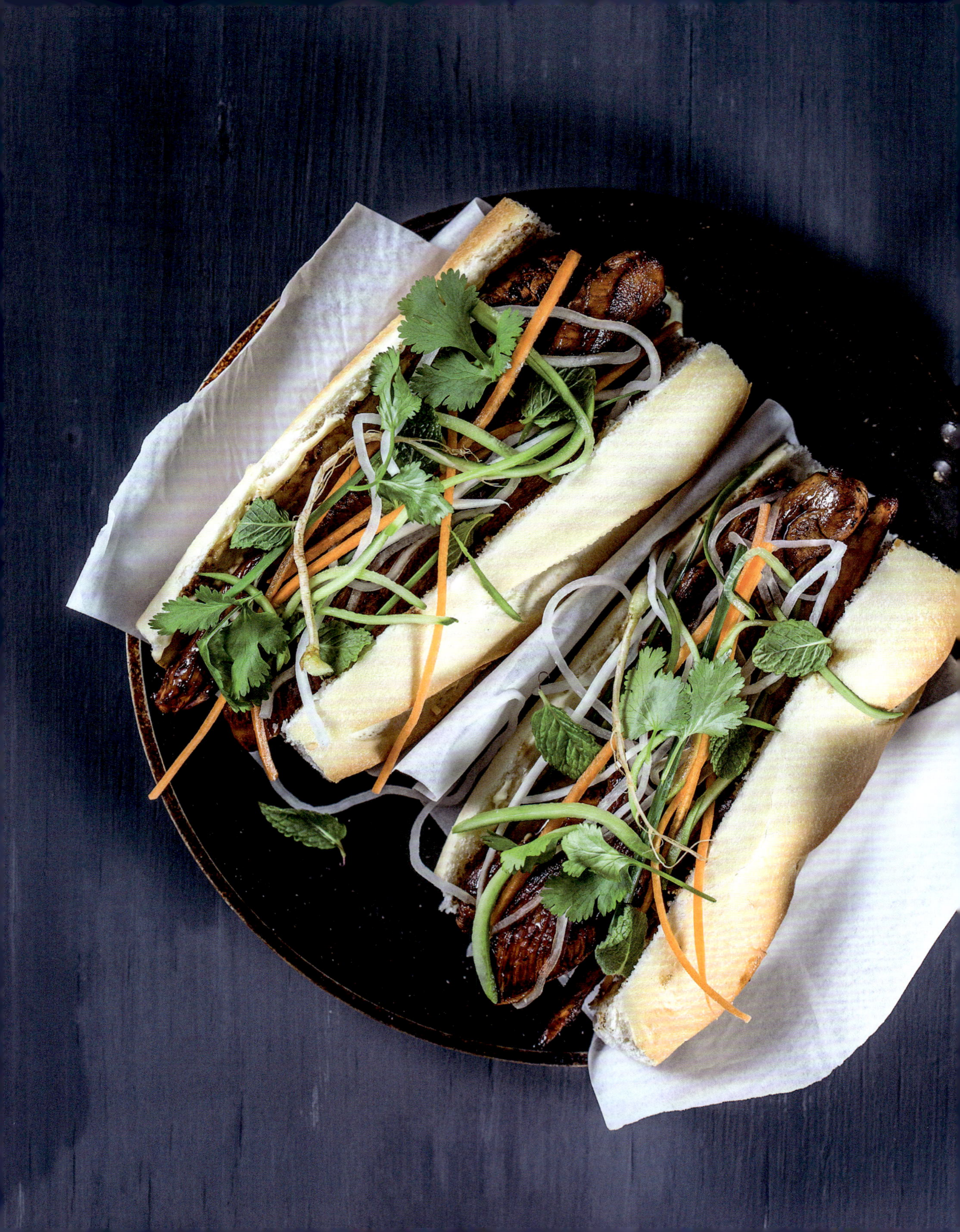

AGRADECIMENTOS

Nosso primeiro agradecimento vai aos leitores deste livro, que querem conhecer um pouco de nossa trajetória e experiência em busca dos melhores sanduíches e acompanhamentos para uma refeição de qualidade.

Aos familiares e amigos, que, apesar de nossa ausência em muitos momentos, nos apoiaram e tiveram o prazer de provar, aprovar e reprovar as receitas desenvolvidas, nos ajudando a escolher as melhores para este livro.

À equipe do Estúdio Gastronômico, que trabalhou tanto para nos auxiliar com produções de cenários, sugestões de montagens, infraestrutura e muitas piadas. Em especial à fotógrafa Luna Garcia, que nos ajudou com sua visão espetacular e nos fez chegar à qualidade que queríamos.

À Cecilia Akemi, que trouxe maravilhosas louças para dialogar com nossos sanduíches em diversas fotos utilizadas aqui.

Ao Senac São Paulo e à Editora Senac São Paulo, pelo irrestrito apoio e suporte nos projetos que conduzimos. Ao Hugo Delgado, ao Carlos Tavares e às equipes do Obá e da Taquería La Sabrosa, pelas contribuições, ajuda e dicas no desenvolvimento das receitas, além da paciência.

Finalmente, à Flavia Vilela, grande companheira, apoiadora, cozinheira e amiga que nos acompanhou tão de perto: cozinhou conosco, emprestou-nos suas mãos, seu tempo e teve a coragem de nos falar quando algo estava bom e quando precisávamos melhorar. Parte deste livro também é sua.

Bons lanches!

Vini, Duda e Felipe

PREFÁCIO

Duas fatias de pão, seja qual for, ou apenas uma fatia enrolada. No recheio, o que a criatividade permitir. Aí está o famoso sanduíche, prato que conquistou o mundo por sua praticidade e conveniência, e que agora ganha *status* mais nobre.

A tarefa de preparar infinitas variedades de lanches, molhos e acompanhamentos não é difícil, basta dar uma boa olhada na geladeira e na despensa para garimpar ingredientes facilmente encontrados em qualquer cozinha. Esta é a graça: reaproveitar os alimentos, usar a sobra de um almoço, inventar combinações.

O sanduíche, com suas versões requintadas, vem ocupando o lugar de uma comida mais refinada e se tornando prato principal. A cada mordida, um sabor. Por isso, até os paladares mais exigentes se renderam a ele. Apesar de estar associado a uma refeição pouco nutritiva, quando preparado com ingredientes balanceados, pode garantir uma alimentação equilibrada e completa.

A exemplo de determinados pratos da culinária ao redor do mundo, os sanduíches também têm seu valor e são verdadeiros patrimônios culturais de alguns países. Neste livro, o resultado da pesquisa dos autores recheia as páginas com deliciosas receitas de lanches, molhos e acompanhamentos – todas possíveis de serem preparadas em casa –, além da história de cada sanduíche, seja ele clássico, seja contemporâneo. Dicas importantes, como a escolha dos ingredientes, a forma de preparo e as técnicas básicas, como o tempo de cocção dos alimentos, fazem parte da obra.

Assim como os hambúrgueres americanos, permeados de histórias e mitos, os sanduíches brasileiros e sua missão de fortalecer a herança cultural gastronômica de nosso país ganham um capítulo especial (esse foi um dos meus pitacos). Entre as versões canarinhas estão o bauru, o buraco quente, o calabresa e o churrasquinho com vinagrete.

Não faltam também representantes de países como Itália e França, com seus queijos de sabores marcantes. Os "sandubas" do Oriente Médio, do Reino Unido e até do Vietnã também estão nas páginas a seguir.

Aos autores, um deles meu parceiro de trabalho, parabenizo pela iniciativa e agradeço o convite para escrever o prefácio deste livro, que traz uma leitura rica e versátil do sanduíche e revela o seu caráter cultural.

Ao leitor, desejo uma deliciosa viagem pelo universo dessa refeição, que, com criatividade e categoria, figura com muita personalidade no cenário atual.

Ana Luiza Trajano

INTRODUÇÃO

Por definição, duas fatias de pão com um ou mais ingredientes como recheio compõem um sanduíche, e isso contribui muito para a sua fama de rei do fast food – não pelo fato de ser o prato predileto, mas por ser facilmente elaborado em casa. Diferente do pastel ou da pizza, ele requer poucos ingredientes, pouco preparo e poucos utensílios de cozinha para ser produzido. Além disso, pode ser servido frio, montado em poucos minutos, e já está pronto para consumo.

Outra característica do sanduíche é a facilidade para se comer, utilizando-se apenas as mãos, sem o uso de talheres ou pratos. Aliás, esse foi um dos principais motivos de sucesso e popularização do prato entre os seus ávidos fãs pelo mundo. Como pode ser consumido em qualquer lugar, dispensa as cerimônias e formalidades de uma refeição.

Por exemplo, a *Larousse Gastronomique*, famosa enciclopédia de gastronomia, descreve um sanduíche como duas fatias de pão envolvendo um ou mais ingredientes: peixe, carne, vegetal ou queijo, cortado(s) em pedaços ou fatias. Além disso, o prato pode ser elaborado com uma infinidade de pães e condimentos, como picles, molhos, ervas, etc.

Mas, em vez de ficar tentando definir o que é um sanduíche, que tal começar entendendo a palavra *sanduíche*? Qual é sua origem? E por que representa um recheio qualquer entre duas fatias de pão?

A própria *Larousse* informa que os trabalhadores da França rural já consumiam suas refeições entre duas fatias de pão preto. Tal alimento ainda não tinha um nome específico, era simplesmente a comida que os nutria.

Então, por que sanduíche? Pois bem, a história conta que o quarto conde de Sandwich, John Montagu (1718-1792), estava sempre tão ocupado com seus jogos de cartas e apostas que trocava seu jantar

TOP 4 RAZÕES da
popularidade do sanduíche no mundo

1 A conveniência tem papel importante nessa disseminação e reverência ao prato, que pode ser consumido em pé, caminhando, à mesa ou dirigindo (apenas para profissionais, não façam isso!).

O preço é outro fator relevante, porém pode ser contestado, pois um sanduíche pode ser apenas um simples queijo quente ou um luxuoso (e caro) hambúrguer de carne de wagyu e foie gras. De qualquer forma, consumir um sanduíche como refeição é sinônimo de preço baixo pelo mundo afora. **2**

A satisfação que se tem ao consumir sanduíches é outro motivo que impulsiona a popularidade do prato. Como a proporção de carboidratos é superior à de proteína, os sanduíches satisfazem o apetite mais faminto e ganham muita força pela conveniência, **3** pois as pessoas têm cada vez menos tempo para suas refeições.

A variedade possível de receitas conclui o TOP 4. Não é possível mensurar a quantidade de sanduíches existentes no mundo e os que são criados a cada dia. De diferentes formatos e nacionalidades, em alguns casos até se discute se são ou não são sanduíches. Mas, enfim, não existe limite, e sim **4** preferência e gosto pessoal.

por um pedaço de carne entre dois pães. Uma versão mais romântica é a de que, por ser um político tão importante, ele não tinha tempo para sair de sua escrivaninha cheia de papéis, então devorava seus jantares ali mesmo, segurando com uma mão, auxiliado por duas fatias de pão. Enquanto isso, podia virar páginas, escrever cartas e assinar papéis com a outra.

Independentemente da versão escolhida, o nome se popularizou e o que era um prato igual ao do conde de Sandwich virou simplesmente "sanduíche". Há quem diga que essa foi a melhor contribuição da culinária inglesa para o mundo.

Polêmicas à parte, não podemos atrelar o grande John Montagu à origem do sanduíche, mas sim ao fato de que este senhor cedeu o seu nome a uma das comidas mais consumidas no mundo, independentemente da cultura local. Quanto à origem do prato, acredita-se que remonta à comemoração de Pessach, feriado judaico em que se consome um sanduíche de pães ázimos, ervas amargas e cordeiro ou uma pasta de maçã com mel.

Sua difusão, no entanto, ocorreu apenas no século XIX, impulsionada pela ideia de refeições rápidas para trabalhadores das grandes cidades movidas pela Revolução Industrial.

A partir daí, o sanduíche sofreu diversas mudanças, evoluções e, acreditem, complicações. Redes, *chefs* e entusiastas produzem receitas clássicas, modernas e inovadoras, buscando saciar os famintos consumidores. O céu é o limite, tanto de criatividade quanto de custo.

No Brasil, a realidade dos sanduíches é bastante diversa e se divide em duas frentes muito sólidas e completamente distintas: fast food e sanduíches especiais. Apesar de as redes de fast food estarem muito consolidadas no Brasil com marcas internacionais, a primeira loja desse tipo em território nacional foi a da rede brasileira Bob's, aberta na década de 1950, no Rio de Janeiro.

O McDonalds, referência na área de comida rápida, só chegou ao Brasil no final da década de 1970; contudo, estas e outras redes seduziram o consumidor e se espalharam pelo país, trazendo diversas influências para a nossa cultura alimentar.

O fato é que a fama dessas redes auxiliou a promover os sanduíches, inicialmente sob a forma de hambúrgueres e hot dogs, mas atualmente também sob diversos outros formatos, como beirutes, wraps, baguetes (conhecidas como submarinos em alguns países) e tostex.

Apesar de sempre lembrarmos de grandes redes ao falar de fast food ou de sanduíches, vale lembrar também da nossa herança cultural de carrinhos de rua, como os de cachorro--quente ou de churrasco grego, que não só se enquadram como fast food, mas também são anteriores às grandes redes. Além disso, esses carrinhos também podem ser considerados os precursores dos celebrados food trucks de hoje.

Curiosamente, os sanduíches mencionados também são originários de outros países, tais como as redes que citamos, mas já estão adaptados ao gosto nacional. Portanto, o fast food cresce bastante no país, seja pela inserção de redes estrangeiras, seja pelo sucesso de nossos carrinhos de rua.

Os sanduíches especiais, por sua vez, também têm referências nacionais e internacionais, como os sanduíches de pão de forma tostados, os hambúrgueres caríssimos ou até o pão francês com mortadela, que já ganhou seu tomate seco. A moda é valorizar o clássico, ousar com o inusitado ou extrapolar com um ingrediente prestigiado.

As lanchonetes ditas gourmet se proliferam nas capitais do país, visando consolidar uma imagem que vai do luxuoso ao saudável. Seu sucesso se apoia na clientela da faixa dos 30 anos ou menos, exatamente as pessoas que tiveram contato, na infância, com o crescimento das redes de fast food no país, mas buscam, hoje, um produto de melhor qualidade e principalmente com mais personalidade, dentro de um contexto criado pela própria lanchonete.

Chefs brasileiros famosos já identificaram tal nicho como um mercado lucrativo e cederam suas assinaturas para esses sanduíches especiais. Entre eles Rodrigo Oliveira, com o seu Porcoburguer, Roberta Sudbrack, com o SudBurguer e o SudDog, e Raphael Despirite, com o seu Hot Dog Francês. Além disso, outros *chefs* dedicaram restaurantes especialmente para esse segmento, como o Thomás Troisgros, e o seu T. T. Burguer, e Felipe Bronze, com o Pipo.

Ou seja, existe um ponto em comum entre as redes de fast food e as lanchonetes modernas, que é o seu objetivo: seduzir a clientela pelo estômago.

Entretanto, fazendo uma retrospectiva de todos os eventos do universo dos sanduíches, podemos ressaltar um dado que já citamos anteriormente: por mais que as redes de fast food e as lanchonetes requintadas cresçam no país, a busca por ingredientes para uma produção caseira também acontece frequentemente. A facilidade de elaboração e a grande oferta de itens de qualidade para fazer os sanduíches em casa permitem a interação máxima dos aficionados por esse prato tão apreciado.

Este livro, portanto, vem satisfazer esse interesse com receitas, dicas e histórias de cada sanduíche que consideramos relevante no mercado nacional e internacional.

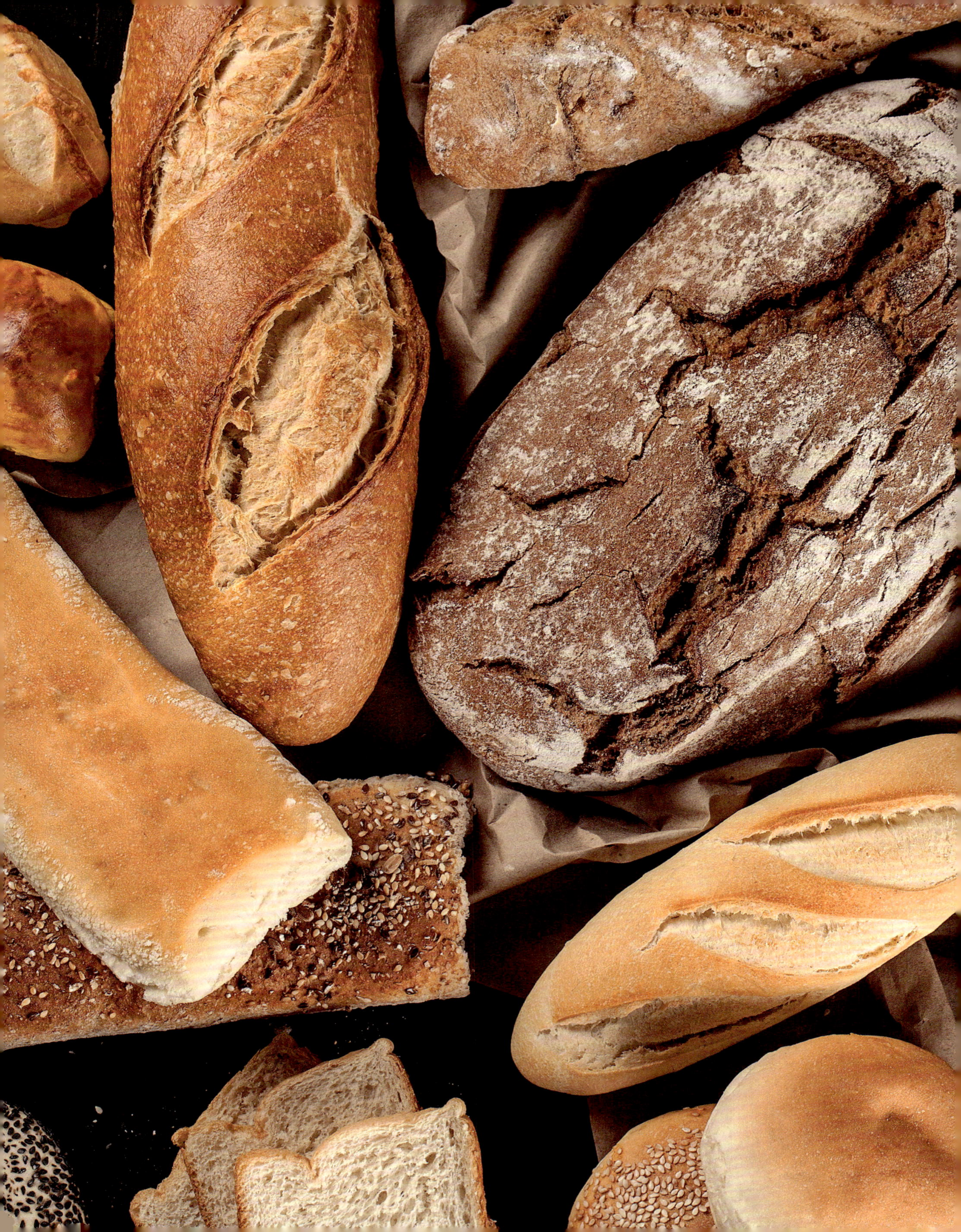

COMO MONTAR UM SANDUÍCHE

Por que um churrasco com queijo sempre tem a carne por baixo, seguida do queijo e, por último, o vinagrete? Qual é o motivo que leva as lanchonetes a colocarem a alface sempre no topo de seus sanduíches? A ordem dos fatores altera o produto? Nesse caso, sim, altera!

Um sanduíche deve ser feito para comer com as mãos. Para isso, ele deve ter um pão com uma estrutura que sustente o seu recheio e que, ao mesmo tempo, não deixe o lanche tão pesado. Vamos pensar em um simples x-salada para entender a importância da montagem. Nosso x-salada tem apenas seis elementos: pão, hambúrguer, queijo, alface, tomate e maionese. Sabemos que o pão irá por cima e por baixo, mas a ordem dos outros ingredientes pode influenciar, e muito, em como você irá aproveitar toda a experiência.

Se colocarmos o hambúrguer em contato com a alface, em poucos segundos ela estará murcha, perdendo a sua textura e a sua cor, pelo efeito do calor do hambúrguer. Assim, utiliza-se o tomate como divisor entre os demais itens, que devem, obrigatoriamente, ser separados, já que um deve ser quente e o outro, frio.

Já o queijo derretido fica sobre o hambúrguer por alguns fatores:

- a percepção de sabor da carne é aguçada com o sal e a textura do queijo derretido sobre ela;

- retirar o queijo derretido de uma chapa e manuseá-lo é bem complicado. Deixá-lo derreter sobre o hambúrguer é uma maneira mais fácil de trabalhar;

- o queijo tem uma textura lisa, mas, quando derretido, obtém uma característica pegajosa, dando mais aderência aos ingredientes que estão em contato.

Outros elementos podem forçar um sanduíche a ser consumido com garfo e faca, como os líquidos advindos do recheio. Usando como exemplo o mesmo x-salada, duas alternativas, que podem ser somadas, ajudam a evitar o uso de talheres:

- passar maionese, manteiga, requeijão ou qualquer item gorduroso no pão serve para impermeabilizá-lo, evitando que este absorva os líquidos que saem da carne;

- torrar suavemente o pão gera uma camada mais seca, que pode absorver líquidos e ainda assim manter sua estrutura.

Também podemos aprimorar a experiência de comer um sanduíche com **dez regras básicas para melhorar a sua montagem**:

1. Evite colocar ingredientes frescos e delicados, como folhas e outros vegetais, diretamente sobre itens quentes.

2. Tente sempre derreter o queijo sobre algum outro ingrediente para facilitar a sua manipulação. Caso o seu lanche tenha carne, sempre derreta o queijo sobre ela.

3. Sempre que possível, grelhe as fatias de pão. Isso previne que o pão fique murcho. Para pães de forma, grelhe ambos os lados.

4. Tente sempre impermeabilizar as fatias de pão com algum item consistente e gorduroso, como manteiga, maionese ou queijos cremosos.

5. Monte seus sanduíches com os itens de maior consistência na parte inferior, e com os menos consistentes por cima. Assim, você evita que os ingredientes fujam para os lados.

6. Sempre que tiver itens muito escorregadios, como folhas, fatias de pepino, tomate, abacate, etc., busque deixá-los em contato com o pão, o queijo ou outros ingredientes que ajudem a manter a sua posição.

7. Ofereça molhos à parte, assim, o comensal poderá adicionar a quantidade que quiser na hora de comer, evitando que o pão fique encharcado.

8. Existe uma relação direta entre o tipo de pão e o tipo de ingredientes do recheio: quanto mais dura for a casca do pão ou sua consistência, mais estável tem de ser o recheio, evitando que ele não saia pelas beiradas com a pressão da mordida.

9. Uma dica para o transporte de sanduíches por longos períodos é levá-los de cabeça para baixo, pois normalmente a parte superior do pão é maior que a inferior, o que permite absorver a umidade e os molhos, que tendem a seguir a lei da gravidade.

10. Saladas picadas perdem água com maior facilidade, ficando murchas e umedecendo o sanduíche. Use folhas inteiras para aproveitar o ingrediente com mais qualidade.

MOMENTO PROFISSA
:: TÉCNICAS ::

Algumas técnicas básicas de cozinha são muito importantes para ajudar no desenvolvimento das receitas de sanduíches. Elas são apresentadas no decorrer do livro e auxiliam no preparo de cada receita específica.

Tempo de cozimento

O tempo de cozimento de um hambúrguer ou de uma carne influencia diretamente na qualidade do sanduíche. Quando a temperatura do exterior atinge em torno de 140 °C, uma reação química chamada Maillard carameliza as proteínas, dando à carne um delicioso sabor adocicado e tostado, do qual o brasileiro gosta tanto no churrasco. Além disso, a temperatura no interior do alimento também é importante e gera os famosos pontos de cocção, conforme pode-se verificar na tabela ao lado:

TABELA DE PONTOS DE COCÇÃO

Boi e cordeiro

Ponto de cocção	Temperatura interna	Descrição
Mal passada	48-54 °C	Com a mesma textura de carne crua ao toque, apresenta o centro cru, com o exterior rosado. Porém, está morna em toda a sua extensão.
Ponto para menos	55-59 °C	Mais firmeza ao toque. O centro é bastante rosado, com o exterior marrom acinzentado.
Ao ponto	60-64 °C	Pouca variação ao toque, já começa a firmar. Apresenta o centro rosado e o exterior marrom acinzentado. Quente por completo.
Ponto para mais	65-70 °C	Firme ao toque, com uma pequena parcela rosada ao centro, marrom acinzentada em todo o restante da carne.
Bem passada	> 71 °C	De firme a dura ao toque, completamente marrom acinzentada. Pouca umidade.

Porco

Ponto de cocção	Temperatura interna	Descrição
Ao ponto	60-64 °C	Pouca variação ao toque, já começa a firmar. Apresenta o centro rosado-claro e o exterior marrom. Quente por completo.
Bem passada	> 65 °C	De firme a dura ao toque, está uniformemente marrom.

Aves

Ponto de cocção	Temperatura interna	Descrição
Ponto correto de cocção	74 °C	Os sucos provenientes da carne são incolores.

Peixes

Ponto de cocção	Temperatura interna	Descrição
Ponto correto de cocção	57-63 °C	Os sucos provenientes da carne são translúcidos.

Teste da ponta dos dedos para carne bovina

Um método fácil para verificar o ponto de cocção dos alimentos é o teste da ponta dos dedos. Nesse caso, comparamos a tensão do músculo da palma da mão com a consistência da carne e a sua variação, conforme o cozimento:

1. Com um dedo, pressione o músculo abaixo do dedão da outra mão. Com a outra mão, junte o indicador e o dedão. A consistência que está sentindo é a mesma que a de uma carne mal passada.
2. Ao juntar o dedão com o dedo do meio, obterá a consistência da carne ao ponto.
3. Por fim, juntando o dedão com o dedinho, conseguirá sentir a consistência da carne bem passada.

PREPARE ANTES
Não deixe para amanhã o que você pode fazer hoje.

SUÍNO
Tudo fica mais gostoso com porco!

AVES
De grão em grão, a galinha enche o... prato!

QUEIJO
Sabe o que significa o X do x-burguer? Queijo!

MOMENTO PROFISSA
Um "quê" de profissionalismo para impressionar os amigos e a família!

ARMAZENE
Faça quando tiver tempo; coma quando tiver vontade.

BOVINO
Para os carnívoros verdadeiros, aqueles que não abandonam uma boa carne!

EMBUTIDOS
Embutidos: uma herança portuguesa, italiana, espanhola, alemã...

FRUTOS DO MAR
Quando o mar não está bom para peixe... frutos do mar!

VEGETARIANOS
Pra deixar qualquer carnívoro repensando suas escolhas!

TEMPO DE PREPARO
Sobra tempo e falta fome ou falta tempo e sobra fome?

NÍVEL DE DIFICULDADE
Escolha o seu lanche pelo nível de dificuldade e trabalho: fácil, médio ou alto.

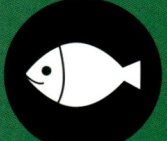

PEIXE
Caiu na rede é... Peixe!

PICANTE
Traz o extintor, porque a boca vai pegar fogo!

COMO USAR ESTE LIVRO

Para facilitar a escolha das receitas que você, faminto leitor, pretende desenvolver, foram criados selos que trazem informações diretas, identificando os tipos de ingredientes utilizados no preparo (assim é possível escolher o sanduíche de acordo com o que se tem em casa ou o que se gostaria de consumir), o tempo de preparo, o nível de dificuldade, picância, entre outros. (Vale lembrar que todas as receitas do livro são calculadas para 4 pessoas!)

CANARINHOS

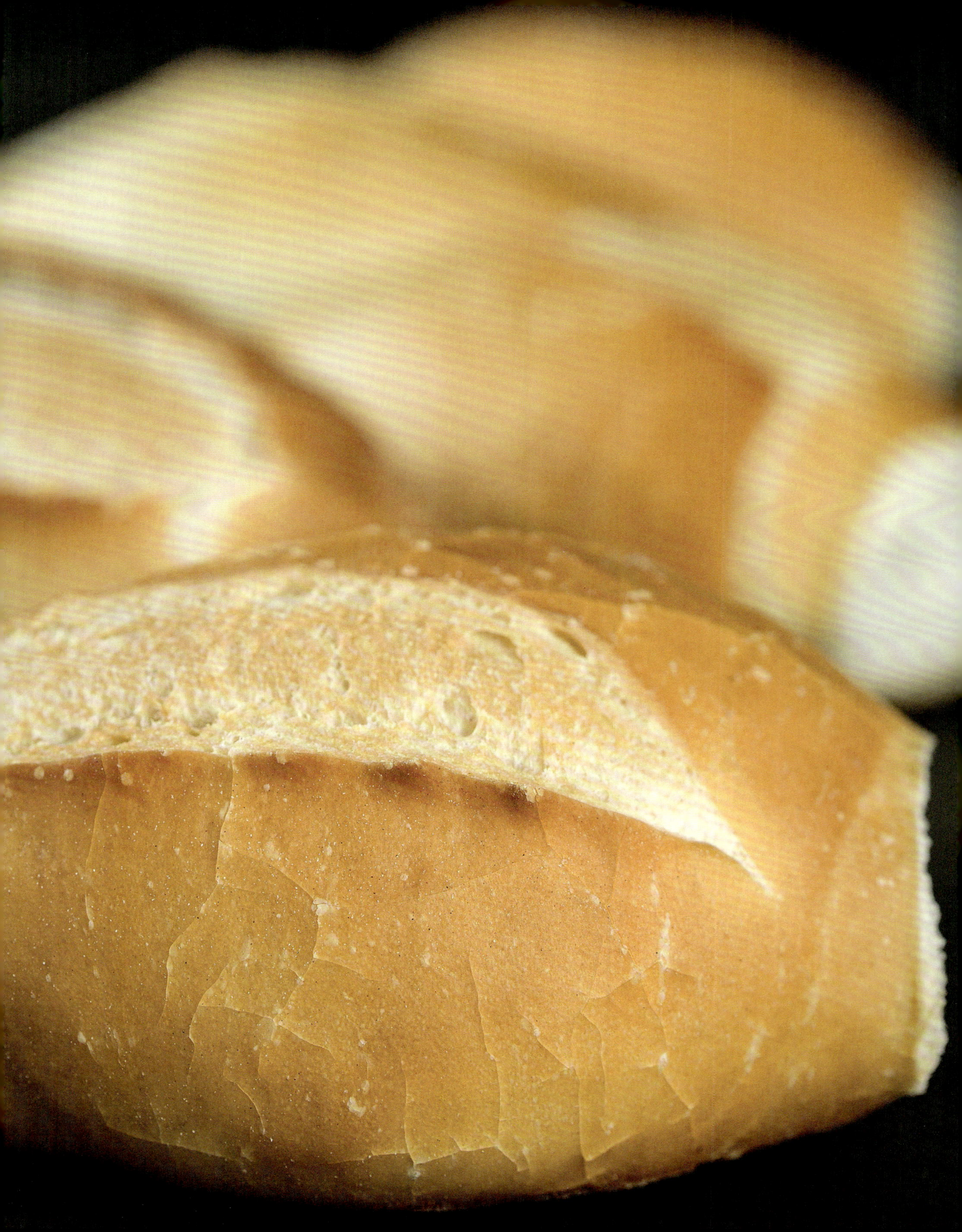

O desafio de escrever um capítulo sobre sanduíches brasileiros foi grande. Primeiro, pelo fato de os sanduíches canarinhos terem uma origem humilde; depois, pela seleção em si: como escolher aqueles que se enquadram nesse tópico se, muitas vezes, eles são bastante regionais?

No Nordeste, é comum o consumo de sanduíches recheados com miúdos, que não fazem parte do repertório do Sul e do Sudeste do país. Cachorro-quente de moela de frango? Tripa? No Sul, no entanto, a influência europeia e dos países limítrofes também reforça os sabores locais. O pão com linguiça (ou choripán) é um exemplo disso.

Outro exemplo é o x-caboquinho ou x-caboclinho, um sanduíche de pão francês que leva tucumã e queijo. Tucumã é uma palmeira típica da região amazônica, de cujo fruto pode-se consumir a polpa, que lembra o coco ou o palmito fresco. Esse prato, além de pouco usual, é muito difícil de preparar em regiões sem acesso à Amazônia, pela ausência do ingrediente.

Por isso, a curadoria dos sanduíches intitulados "canarinhos" foi bastante trabalhosa e sofreu mudanças até o momento da impressão do livro. Os principais aspectos utilizados na escolha foram a possibilidade de preparo e a capacidade de fortalecer uma herança cultural gastronômica ímpar em nosso país, muitas vezes esquecida por se tratar de um prato como o sanduíche, sinônimo de simplicidade e até mesmo de falta de opção.

O PÃO FRANCÊS

O pão francês certamente é um dos itens que definem os sanduíches brasileiros. Sem ele, a cultura gastronômica nacional com certeza seria mais pobre e não teria tantos pratos para compor a lista de lanches canarinhos.

Acredita-se que o pão francês surgiu no Brasil por volta do século XX, no Rio de Janeiro, a então capital brasileira, numa tentativa de produzir um pão com casca dourada e miolo branco, igual à baguete francesa.

Os padeiros dos inúmeros cafés e confeitarias passaram a criar receitas em busca do pão francês. O resultado atendeu às exigências de casca dourada e miolo branco, mas superou as expectativas, produzindo um pão mais macio e saboroso que seu primo europeu.

As características de leveza, casca fina e crocante e miolo leve e pouco denso favoreceram o uso do pão francês em receitas de sanduíches, em detrimento das baguetes, do pão italiano, entre outros. Ele ganhou tanta força que virou item obrigatório no café da manhã dos brasileiros, com os mais diversos acompanhamentos, de manteiga a miúdos bovinos.

Por todo o país, o pão francês recebeu diversos apelidos, como "pãozinho", em São Paulo; "cacetinho", no Rio Grande do Sul e na Bahia; "média", na Baixada Santista; "pão jacó", no Sergipe; "pão aguado", na Paraíba; "pão massa grossa", no Maranhão; "pão careca", no Pará e "pão carioquinha", no Ceará; além de "pão de sal", "pão de trigo", "pão do dia" e "filão".

Ele também está presente em importantes receitas de sanduíches nacionais, como o bauru, o lanche de calabresa, o churrasquinho grego, o sanduíche de mortadela, o boca de anjo, o pernil de estádio, etc.

Porém, fica a pergunta: se o nome do pão é francês e o padeiro é português, o pão é o quê? Brasileiro, porque representa a miscigenação cultural deste país, que é fortemente retratada em nossa gastronomia.

BAURU

Pode-se dizer que o bauru é um lanche com certidão de nascimento. Foi criado em 1937 pelo restaurante Ponto Chic, no Largo do Paissandu, em São Paulo, e é um dos lanches clássicos brasileiros. Conta a história que Casimiro Pinto Neto, nascido na cidade de Bauru (SP) e na época estudante de Direito da USP, criou a receita que levou o nome da cidade onde nasceu. O sanduíche surpreende pelo queijo fundido – em essência, três queijos diferentes derretidos em banho-maria –, além de rosbife, picles de pepino e tomate, servidos em um pão francês sem miolo. Contudo, a receita original foi alterada na maioria das lanchonetes em território nacional, nas quais um bauru corresponde a um lanche de presunto, queijo e tomate.

PICLES DE PEPINO

Ingredientes

100 g de manteiga
160 g de queijo gouda ralado
160 g de queijo estepe ralado
160 g de queijo gruyère ralado
2 tomates
4 picles de pepino (VEJA A RECEITA NA P. 154)
4 pães franceses
400 g de rosbife fatiado

Método de preparo

1. Fatie os tomates em rodelas de 0,5 cm.
2. Fatie os pepinos horizontalmente em três partes.
3. Em uma tigela, disponha a manteiga e deixe-a em banho-maria até derreter.
4. Adicione os queijos à manteiga e mexa até obter uma pasta uniforme.
5. Corte os pães franceses pela metade e retire o miolo.
6. Acrescente o rosbife fatiado, seguido pelas rodelas de tomate, pelo picles de pepino e, por último, pela pasta de queijos derretidos.
7. Finalize colocando a parte superior do pão francês e corte pela metade.

BEIRUTE À MILANESA

Outro clássico gastronômico paulistano, o beirute ou *beiruth* foi criado pelos irmãos Fares e Louis Sader, proprietários do restaurante Bambi, aberto em 1951. O sanduíche feito com pão sírio, queijo derretido, rosbife caseiro, tomate e zatar leva o nome da cidade natal de seus criadores. O sucesso do prato foi tão grande que muitas lanchonetes passaram a vender o sanduíche, feito com pão sírio, sob o nome de beirute. Neste livro, apresentamos uma receita com bife à milanesa, outro clássico brazuca de origem estrangeira.

Ingredientes

4 bifes de contrafilé (150 g cada)
3 colheres (chá) de molho inglês
2 dentes de alho picados
Sal a gosto
Pimenta-do-reino moída a gosto
4 pães sírios
2 tomates
2 ovos
5 g de páprica picante
100 g de farinha de trigo
200 g de farinha de rosca
1ℓ de óleo vegetal
12 fatias de queijo mozarela (cerca de 200 g)
200 g de maionese clássica (VEJA A RECEITA NA P. 133)

Método de preparo

1. Bata os bifes de contrafilé entre dois pedaços de papel-manteiga ou filme plástico até obter um bife fino (0,5 cm de espessura) – você também pode pedir para o seu açougueiro realizar esse processo.
2. Tempere os bifes com molho inglês, alho, sal e pimenta, e reserve por 10 minutos.
3. Abra os pães sírios ao meio e corte os tomates em fatias finas. Reserve.
4. Em uma tigela, bata os ovos e tempere-os com sal e páprica picante.
5. Coloque a farinha de trigo em uma travessa e a de rosca em outra.
6. Empane os bifes com a farinha de trigo, passe-os nos ovos batidos e empane-os na farinha de rosca. Retire o excesso de farinha e reserve os bifes empanados.
7. Aqueça uma frigideira larga, acrescente o óleo e deixe esquentar.
8. Frite os bifes à milanesa até ficarem crocantes e dourados. Escorra em papel absorvente. O tempo vai variar de acordo com a espessura do bife, ficando entre 3 e 4 minutos.
9. Coloque duas fatias de queijo sobre os bifes quentes, para derreter.
10. Passe maionese nos pães sírios.
11. Acrescente os bifes à milanesa com queijo, seguidos de tomate.
12. Corte os beirutes em quatro partes iguais e sirva.

Variação

- Coloque molho de tomate e queijo parmesão ralado sobre o lanche. Leve para gratinar e sirva o beirute à parmegiana.

BOCA DE ANJO

Na região de Campinas, no estado de São Paulo, os bares se especializaram em cortar os sanduíches feitos no pão francês em pequenos pedaços. A esse lanche deram o nome de boca de anjo, dado o tamanho das porções. Muitas lanchonetes oferecem esse prato no cardápio, porém, sua origem e história é controversa. O Giovannetti, estabelecimento com quase 80 anos de tradição, é famoso por esse tipo de sanduíche e criou combinações tão clássicas que receberam até nomes próprios.

BOCA DE ANJO COPA E GORGONZOLA

Ingredientes

1 limão-siciliano
1 limão-tahiti
1 ramo de alecrim
12 azeitonas pretas
100 g de queijo gorgonzola
2 tomates
4 pães franceses
16 fatias de copa
16 fatias de lombo apimentado
16 fatias de presunto royale cozido

Método de preparo

1. Com o auxílio de um descascador de legumes, retire a casca dos limões, certificando-se de que não haja nenhuma parte branca na casca.
2. Pique-as com o alecrim até obter um pó bem fino e aromático. Reserve.
3. Pique as azeitonas sem os caroços.
4. Corte o queijo gorgonzola e os tomates em fatias.
5. Corte os pães franceses ao meio e retire o miolo.
6. Em uma metade do pão, coloque as azeitonas picadas, os tomates fatiados e o queijo gorgonzola.
7. Na outra, acrescente os frios – duas camadas de cada um.
8. Aqueça o forno a 180 °C e deixe os sanduíches abertos em uma assadeira até o queijo derreter.
9. Retire-os do forno, salpique o pó das cascas dos limões e alecrim e junte as duas partes de cada pão.
10. Corte cada sanduíche ao meio, em transversal, e deixe a parte plana virada para o prato. Fatie em quatro pedaços paralelos.

BOCA DE ANJO

ROSBIFE, PICANHA DEFUMADA E QUEIJO DO REINO

Ingredientes

2 tomates
8 fatias de queijo do reino
12 azeitonas verdes
1 maço de cebolinha
100 ml de azeite de oliva
4 pães franceses
24 fatias de rosbife
24 fatias de picanha defumada
2 colheres (chá) de molho inglês

Método de preparo

1. Fatie os tomates e o queijo.
2. Pique as azeitonas verdes sem caroço.
3. Corte a cebolinha finamente.
4. Corte os pães franceses ao meio e retire o miolo.
5. Em uma metade do pão, disponha os tomates, as azeitonas verdes, o queijo do reino e a cebolinha.
6. Na outra, acrescente o rosbife e a picanha defumada dispostos em duas camadas, e pingue algumas gotas de molho inglês.
7. Aqueça o forno a 180 °C e deixe os sanduíches abertos em uma assadeira até o queijo derreter.
8. Retire-os do forno e junte as duas partes de cada pão.
9. Corte cada sanduíche ao meio, na transversal, e deixe a parte plana virada para o prato. Fatie em quatro pedaços paralelos.
10. Sirva os sanduíches salpicados com cebolinha picada.

BOCA DE ANJO SETE FRIOS

Ingredientes

12 azeitonas verdes
2 tomates
4 pães franceses
16 fatias de mozarela
1 colher (chá) de mostarda de Dijon
8 fatias de pigbeef
8 fatias de salsichão com picles
8 fatias de morcela
8 fatias de presunto parma
8 fatias de blanquet de peru
8 fatias de lombo canadense
8 fatias de presunto royale
2 colheres (sopa) de salsinha
200 g de vinagrete de pimenta-
-biquinho (VEJA A RECEITA NA P. 139)

Método de preparo

1. Pique as azeitonas verdes sem caroço e fatie os tomates em rodelas finas.
2. Corte os pães franceses ao meio e retire o miolo.
3. Em uma metade do pão, acrescente a azeitona picada, o tomate fatiado, o pigbeef e o queijo mozarela.
4. Na outra, passe a mostarda de Dijon e disponha os frios em camadas.
5. Aqueça o forno a 180 °C e deixe os sanduíches abertos em uma assadeira até o queijo derreter.
6. Retire-os do forno e junte as duas partes de cada pão.
7. Corte cada sanduíche ao meio, na transversal, e deixe a parte plana virada para o prato. Fatie em quatro pedaços paralelos.
8. Sirva com salsinha salpicada e vinagrete de pimenta-
-biquinho à parte.

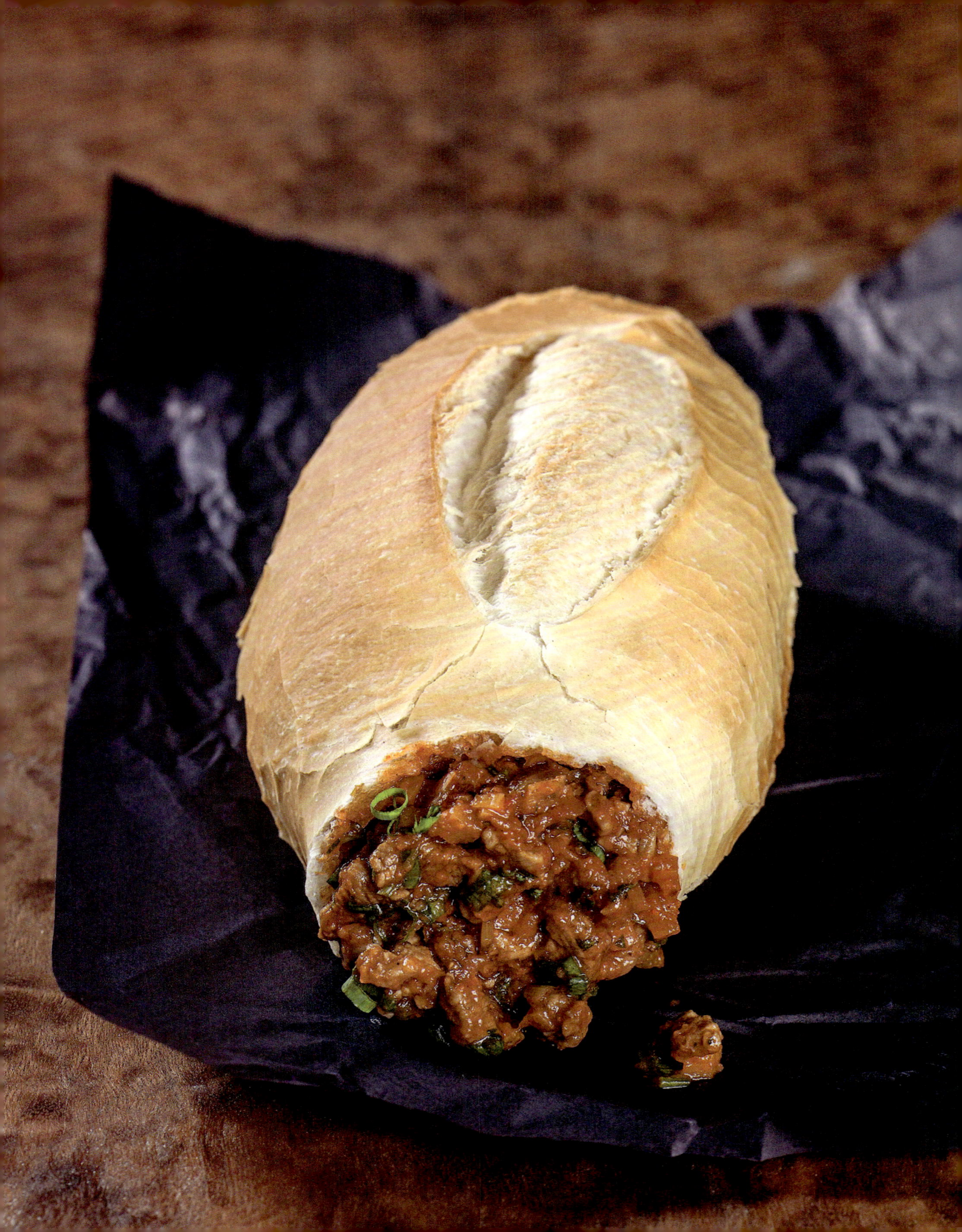

CARNE

BURACO QUENTE

Uns dizem que tem origem alemã, outros, portuguesa; o que realmente interessa é que este sanduíche é muito comum nas festas infantis brasileiras. O buraco quente é o típico lanche rápido, fácil e gostoso, que não precisa de ingredientes mirabolantes ou técnicas apuradas. Com apenas um bom pão francês e um belo recheio à base de carne moída, fica fácil relembrar os anos dourados das festas de criança.

Ingredientes

800 g de alcatra picada na ponta da faca (picadinha, quase moída)
2 colheres (sopa) de molho inglês
Sal a gosto
Pimenta-do-reino moída a gosto
250 mℓ de azeite de oliva
1 cebola picada
1 talo de alho-poró picado
¼ de cenoura picada
1 dente de alho picado
3 tomates pelados picados (sem pele)
1 ramo de tomilho
1 folha de louro
2 colheres (chá) de urucum ou colorau
4 colheres (chá) de salsinha picada
4 colheres (chá) de cebolinha fatiada
4 pães franceses

Método de preparo

1. Pique a alcatra na ponta da faca.
2. Misture a carne com o molho inglês, o sal e a pimenta-do-reino. Deixe marinar por 15 minutos.
3. Aqueça uma frigideira com azeite e frite a carne pouco a pouco, reservando ao dourar.
4. Na mesma frigideira, adicione mais azeite e refogue a cebola, o alho-poró, a cenoura e o alho.
5. Acrescente o tomate pelado, o tomilho e o louro; cozinhe até desmanchar.
6. Incorpore a carne picada e tempere com sal, colorau, molho inglês da marinada e pimenta-do-reino.
7. Cozinhe até o molho engrossar.
8. Adicione água, se ficar muito seco.
9. Desligue o fogo e junte a salsinha e a cebolinha.
10. Faça um furo em uma das extremidades de cada pão francês e retire o miolo com cuidado.
11. Recheie cada unidade com a carne em molho.

Variações

- Adicione requeijão cremoso no recheio para obter uma consistência bastante cremosa.
- Outro clássico de festas infantis substitui a carne moída por frango desfiado.

MOLHO DE PIMENTA

Ingredientes

150 g de cebola
4 pães franceses
250 g de linguiça tipo calabresa
30 ml de óleo vegetal
Sal a gosto
Pimenta-do-reino moída a gosto
50 ml de cachaça branca
1 limão-tahiti
100 ml de molho de pimenta (VEJA A RECEITA NA P. 136)

Método de preparo

1. Descasque as cebolas e corte-as em rodelas.
2. Corte os pães ao meio e retire o miolo.
3. Em uma frigideira, frite a linguiça calabresa com uma colher de chá de óleo.
4. Grelhe a linguiça por aproximadamente 5 minutos de cada lado, até que esteja dourada.
5. Retire a linguiça e reserve.
6. Acrescente a cebola na mesma panela com mais uma colher de óleo e refogue até que esteja dourada.
7. Tempere com sal e pimenta a gosto.
8. Fatie a linguiça em rodelas finas ou ao meio e, em seguida, coloque-a na panela.
9. Incorpore a cachaça e flambe, ou deixe ferver até evaporar.
10. Adicione algumas gotas de limão-tahiti.
11. Corte os pães ao meio e adicione um pouco de molho de pimenta.
12. Disponha as rodelas de calabresa e, por último, a cebola.

Variações

- Pode-se oferecer o lanche com fatias de queijo mozarela e vinagrete de limão-cravo e tomate-cereja.
- Sirva com o molho chimichurri (VEJA A RECEITA NA P. 127) para obter a versão argentina do choripán.

CALABRESA

A calabresa é o embutido de maior fama no país, e representa as heranças gastronômicas de nossos colonizadores portugueses e imigrantes italianos. No Brasil, é encontrada praticamente em todas as regiões, seja no churrasco, seja no pão, regada por uma boa cachaça ou acompanhada de cebolas; é um clássico de bares, botecos e restaurantes. No Sul, o sanduíche de calabresa duela com seu primo argentino, o choripán, que é composto de pão, linguiça e chimichurri.

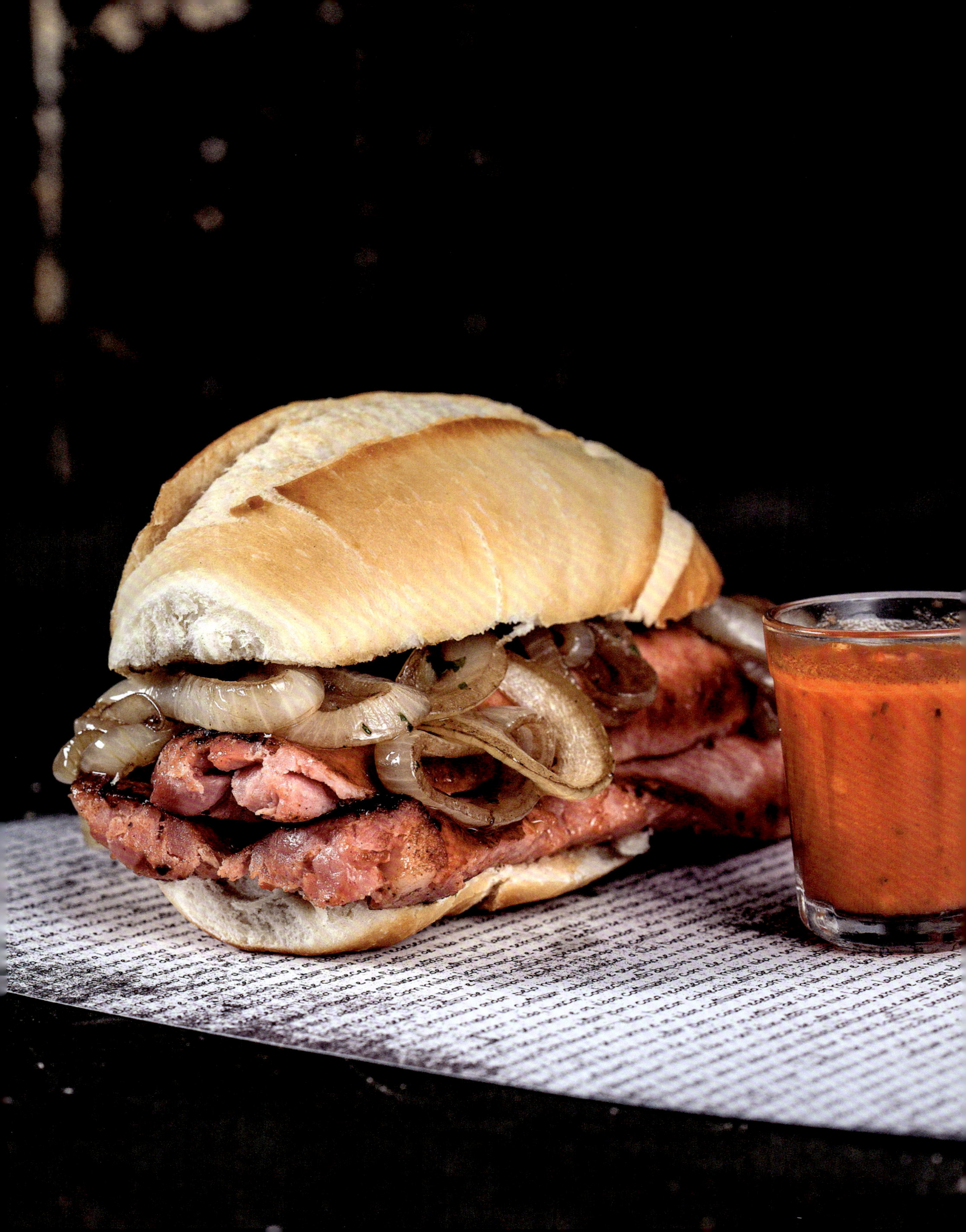

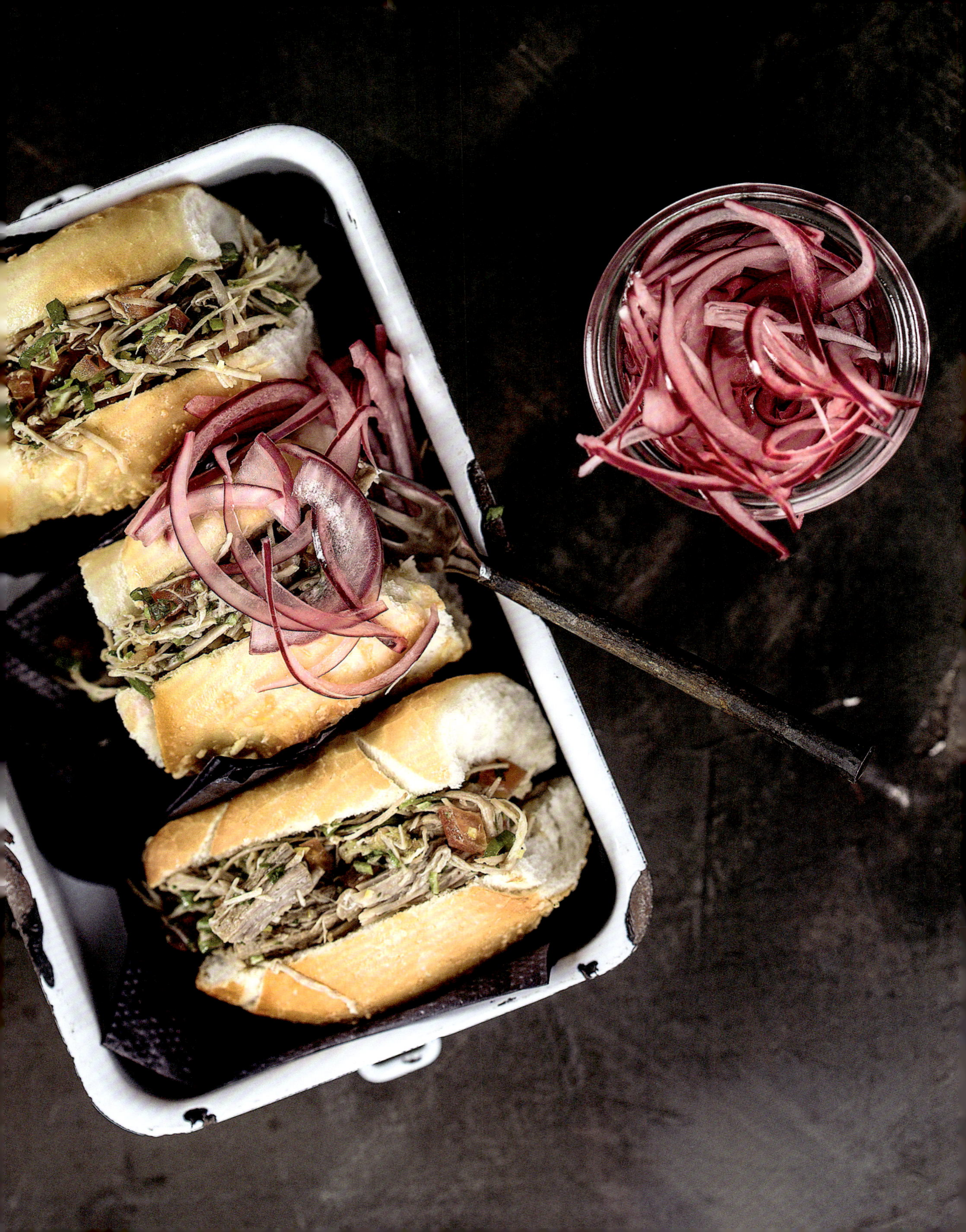

CARNE LOUCA

Marca da expressiva influência italiana na gastronomia brasileira, a carne louca é popular pela facilidade de se preparar e pelo resultado final, de sabor acentuado com notas ácidas e diversas texturas entre a carne desfiada, os pimentões cozidos e o sempre presente pão francês. Não se sabe a origem do nome carne louca, mas certamente descende do italiano *carne lessa*, prato feito com carne cozida em água.

Ingredientes

- 1 talo de salsão
- 1 cebola
- 1 cenoura
- 1 alho-poró
- 800 g de músculo traseiro ou lagarto
- 60 ml de azeite de oliva
- 1 canela em pau
- 2 folhas de louro
- 2 cravos-da-índia
- 1,2 l de água
- 2 colheres (sopa) de salsinha
- 2 colheres (sopa) de cebolinha
- 1 tomate-caqui
- 1 limão-siciliano
- Sal a gosto
- Pimenta-do-reino moída a gosto
- 4 pães franceses
- 100 g de picles de cebola roxa (VEJA A RECEITA NA P. 150)

Método de preparo

1. Corte em três pedaços o talo de salsão, a cebola, a cenoura e o alho-poró.
2. Pique o músculo em cubos de 5 cm.
3. Em uma panela de pressão, adicione um pouco de azeite e acrescente os vegetais picados, o músculo em cubos, a canela em pau, o louro, os cravos-da-índia e a água.
4. Leve a panela tampada ao fogo alto.
5. Quando começar a ferver, baixe para fogo médio e deixe cozinhar sob pressão por aproximadamente 20 minutos, até a carne ficar macia.
6. Uma vez morno, desfie a carne com o auxílio de dois garfos e reserve – ou coloque a carne ainda quente em uma batedeira em velocidade baixa, até desfiar.
7. Pique a salsinha e a cebolinha e, em seguida, o tomate-caqui.
8. Com a ajuda de um descascador de legumes, retire a casca do limão-siciliano sem a parte branca e pique.
9. Tempere a carne desfiada com o suco de limão-siciliano, as ervas picadas, o tomate, a casca de limão-siciliano, o azeite, o sal e a pimenta-do-reino.
10. Corte os pães e recheie-os com a carne e o picles de cebola roxa.

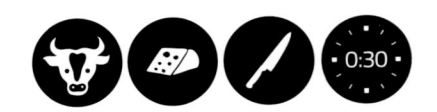

CHURRASQUINHO COM VINAGRETE

Pedido tradicional dos postos de estrada do interior de São Paulo e de Minas Gerais, esse lanche busca trazer a paixão brasileira por churrasco com uma fatia de contrafilé grelhada, servida junto de queijo minas, frescal ou meia cura. No Paraná, o mesmo churrasquinho ganha o nome de pão com bife e é famoso em bares, lanchonetes e nas portas de estádio.

Ingredientes

8 bifes de contrafilé (75 g cada)
15 ml de molho inglês
Sal a gosto
Pimenta-do-reino moída a gosto
300 g de queijo minas frescal
4 pães franceses
30 ml de óleo vegetal
100 g de vinagrete clássico (VEJA A RECEITA NA P. 138)

Método de preparo

1. Tempere os bifes de contrafilé com molho inglês, sal e pimenta. Reserve por 10 minutos.
2. Corte o queijo minas em fatias de 1 cm de espessura.
3. Divida os pães franceses ao meio.
4. Aqueça uma frigideira larga.
5. Adicione o óleo e deixe esquentar.
6. Grelhe os bifes no ponto desejado. O tempo vai variar de acordo com a espessura do bife.
7. Em outra frigideira, grelhe a fatia de queijo até dourar.
8. Acrescente dois bifes por pão francês, o queijo e duas colheres de vinagrete por cima.
9. Corte os lanches ao meio e sirva.

Variação

- Sirva com a geleia de pimenta (VEJA A RECEITA NA P. 129), para dar um toque agridoce.

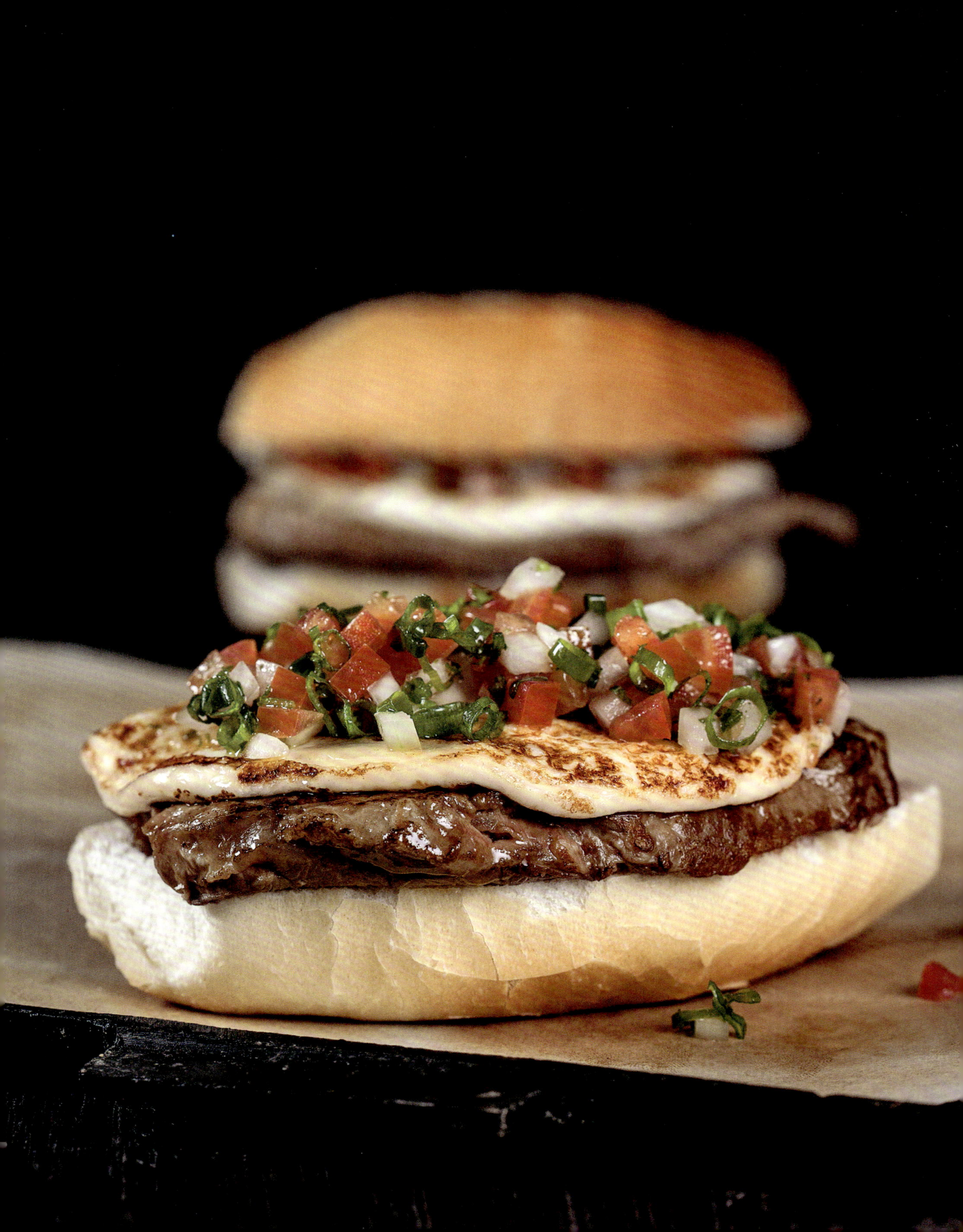

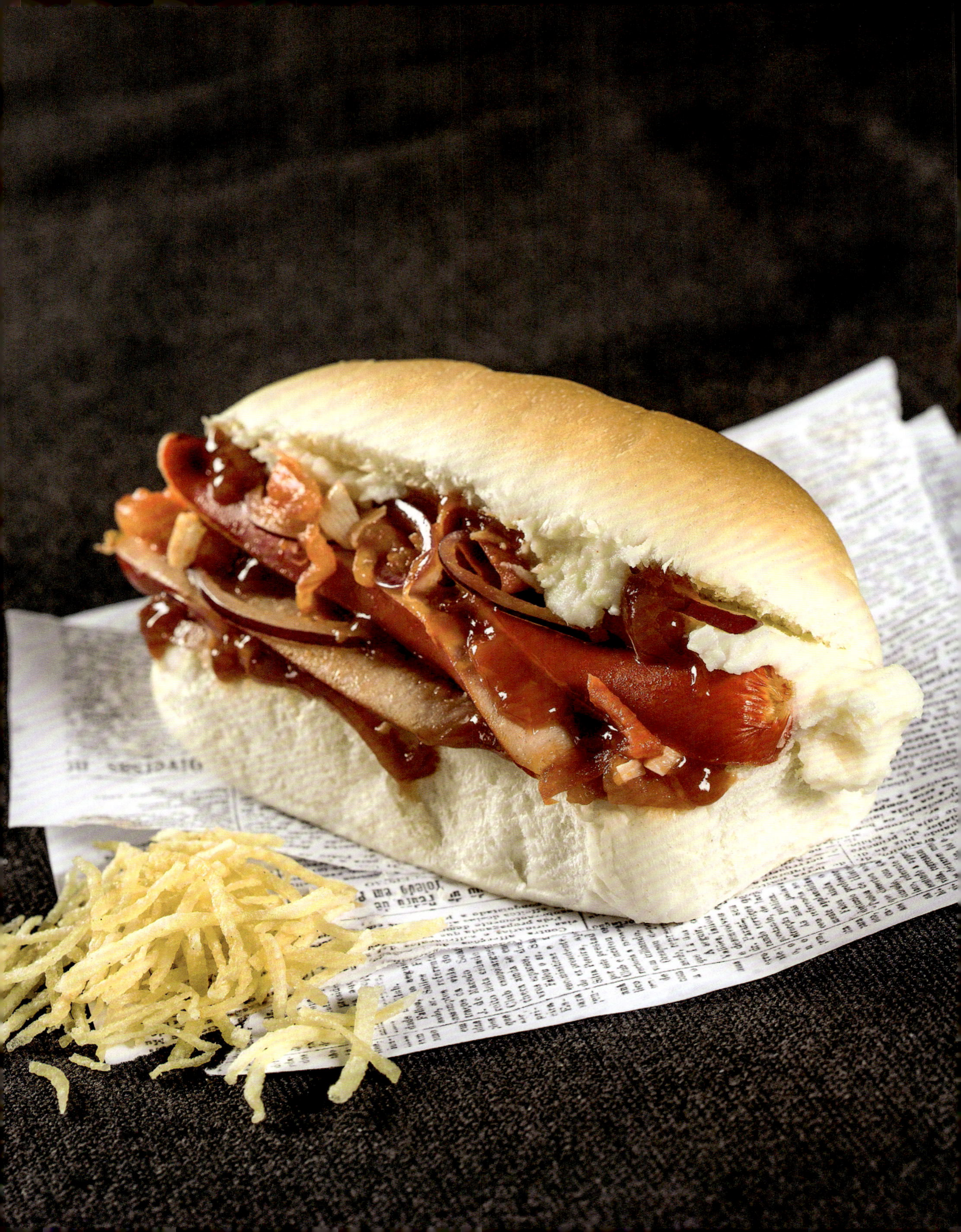

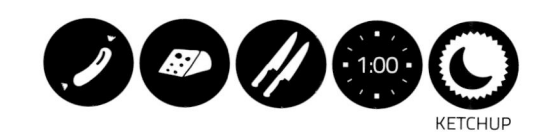

CACHORRO-QUENTE CLÁSSICO

O hot dog é um ícone cultural no mundo, associado à felicidade e a eventos em família. Seu nome refere-se tanto à qualidade da carne como à semelhança entre a salsicha e os cães da raça *dachshund*. No Brasil, esse clássico sanduíche americano de uma salsicha no pão de leite ganhou personalidade própria. Além do pão e das salsichas tipo frankfurt ou viena, o lanche é composto de purê de batatas, queijo, milho, ervilha e proteínas, como a calabresa fatiada ou o frango desfiado, entre outros tantos complementos.

KETCHUP

Ingredientes

100 ml de azeite de oliva
100 g de cebola fatiada
2 dentes de alho picado
300 g de tomate picado
Sal a gosto
1 colher (café) de açúcar
Pimenta-do-reino moída a gosto
500 g de batata
50 g de manteiga
100 ml de leite
50 g de requeijão cremoso (tipo catupiry)
30 g de salsinha picada
4 unidades de salsicha viena ou frankfurt
4 pães de cachorro-quente tradicional
60 ml de ketchup tradicional (VEJA A RECEITA NA P. 131)
60 ml de mostarda
60 g de batata palha

Método de preparo

1. Em uma panela aquecida em fogo médio, adicione o azeite de oliva e refogue a cebola até murchar.
2. Acrescente o alho e refogue até dourar.
3. Junte o tomate e deixe cozinhar em fogo baixo, até formar um molho – acrescente 30 ml de água, se for o caso.
4. Tempere com sal, açúcar e pimenta-do-reino. Reserve o molho.
5. Para o purê, descasque a batata e cozinhe em água, até ficar macia.
6. Amasse.
7. Em uma panela, adicione a manteiga, a batata amassada, o leite e o requeijão cremoso. Tempere. Finalize com a salsinha picada.
8. Em outra panela com água, cozinhe a salsicha em água fervente por 5 minutos.
9. Corte os pães pela metade.
10. Acrescente a salsicha, o molho de tomate, o ketchup e a mostarda.
11. Cubra com o purê de batatas.
12. Coloque a batata palha sobre o purê e sirva.

Variação

- Para acompanhar o cachorro-quente brasileiro, serve-se também milho verde, queijo, ervilha, frango desfiado e calabresa fatiada.

Ingredientes

30 g de manteiga
8 fatias de pão de forma
16 fatias de presunto sem capa de gordura
16 fatias de queijo mozarela

Método de preparo

1. Passe a manteiga em um dos lados de cada pão.
2. Separe quatro fatias de pão e disponha sobre elas três ou quatro fatias de presunto e, em seguida, três ou quatro fatias de queijo. Cubra com as outras quatro fatias de pão, formando um sanduíche.
3. Esquente uma frigideira.
4. Coloque o sanduíche com o presunto na parte inferior e deixe grelhar em fogo baixo por 3 minutos.
5. Vire e deixe grelhar por mais 3 minutos do outro lado.
6. Caso ainda não esteja dourado e crocante, aumente para fogo médio e aqueça cada lado por mais 1 minuto.

Variação

- Pode-se utilizar uma chapa lisa ou canelada, um tostex ou um grill, para se obter um resultado melhor.

MISTO-QUENTE

O sanduíche mais tradicional das padarias brasileiras, encontrado de norte a sul do país, é bastante simples, feito com pão, presunto e queijo. Esse clássico apresenta nomes distintos ao longo do território nacional, como torrada gaúcha, no Sul. Acredita-se que tenha sido criado por volta dos anos 1940, em São Paulo, mas não deixa de ser um croque-monsieur (clássico francês) menos requintado. A troca do pão de forma pelo pão francês depende do gosto do cliente. Além disso, o misto-quente já ganhou diversas variações de recheio e de nome: com tomate, virou bauru (falso bauru); com tomate e orégano, pão pizza; e com ovo e bacon, ganhou o nome de americano (com o tempo, o bacon deixou de fazer parte do americano, cedendo lugar para a alface).

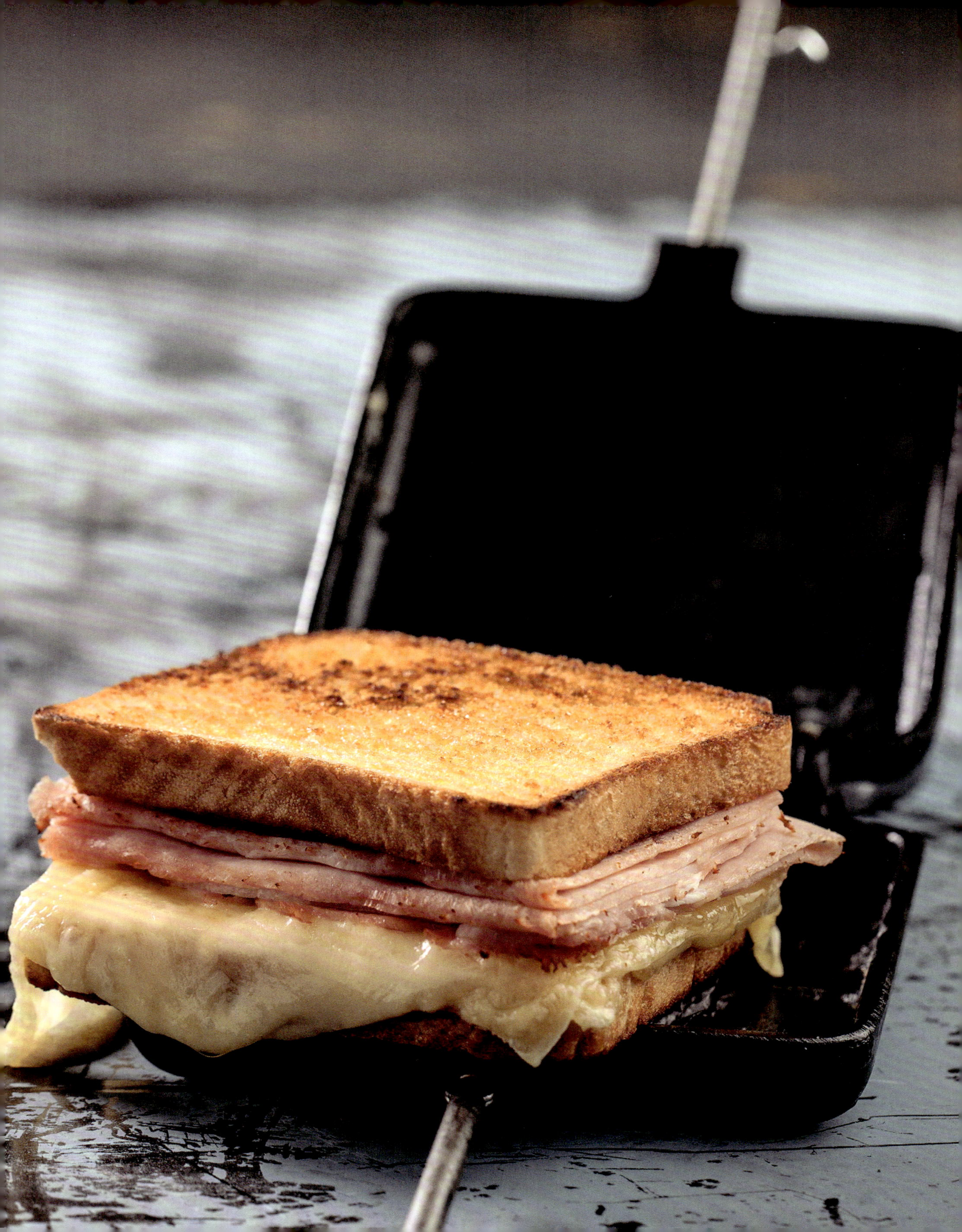

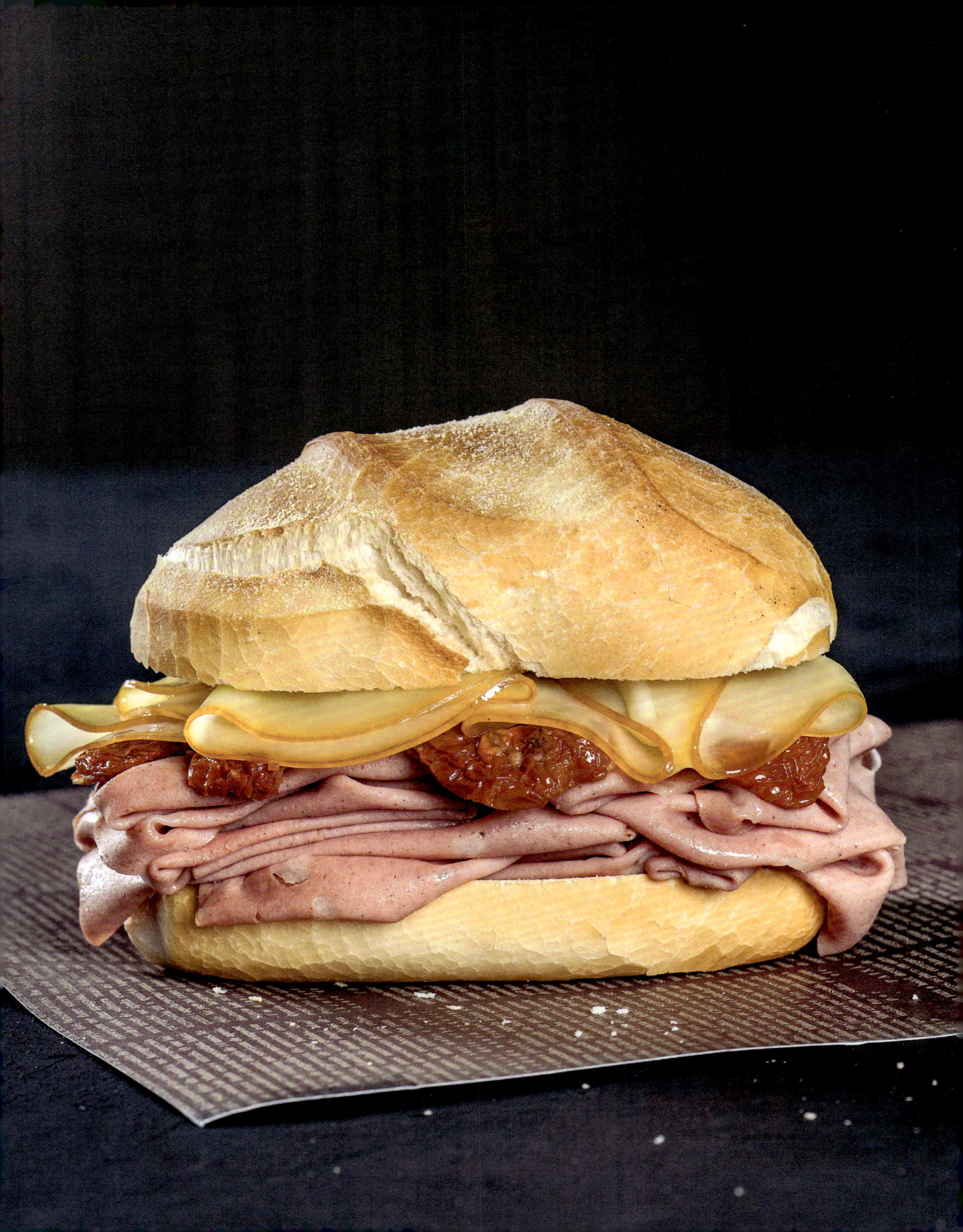

SANDUÍCHE DE MORTADELA

Mais uma herança da cultura italiana na gastronomia brasileira, o sanduíche de mortadela está presente em diversas lanchonetes do país. Contudo, foi no Mercado Municipal de São Paulo, o Mercadão, que ele ganhou fama. Criado pelo Hocca Bar, o lanche de mortadela com tomate seco é procurado por visitantes e turistas, que formam filas para apreciá-lo. Sua característica mais marcante é o tamanho do recheio, que, tradicionalmente, é bem maior do que a boca dos clientes.

Ingredientes

8 pedaços de tomate seco (80 g) ou tomate confit (VEJA A RECEITA NA P. 158)
4 pães franceses
24 fatias finas de mortadela (150 g)
12 fatias de queijo provolone (100 g)
3 colheres (chá) de salsinha

Método de preparo

1. Retire o tomate seco do azeite.
2. Corte os pães franceses horizontalmente e retire o miolo.
3. Sobre uma das metades, disponha as fatias de mortadela suavemente, uma a uma.
4. Na outra, incorpore o tomate seco e o queijo provolone fatiado.
5. Aqueça o forno a 180 °C e coloque o sanduíche aberto em uma assadeira até o queijo derreter.
6. Retire do forno, salpique com salsinha picada e junte as duas metades.

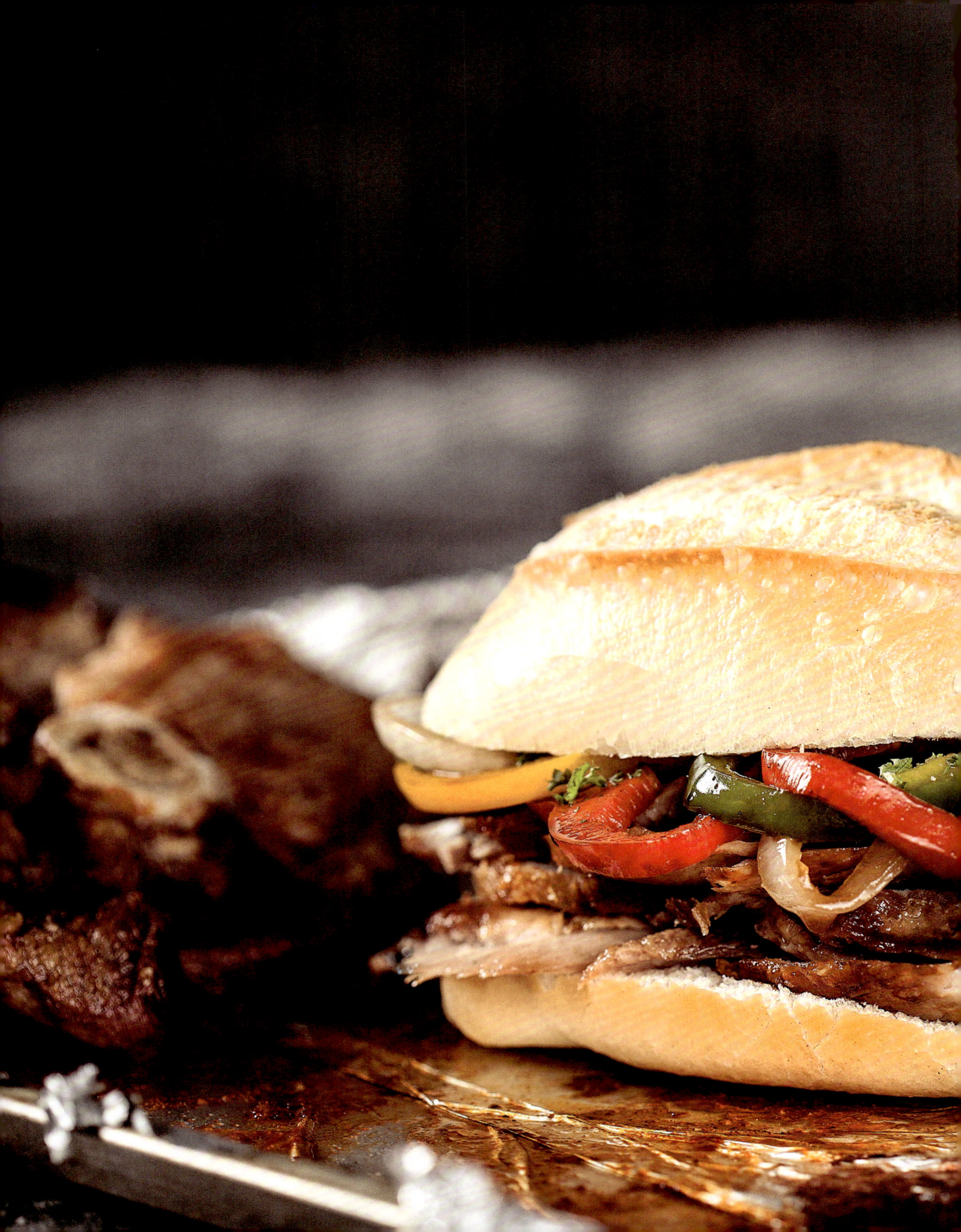

SANDUÍCHE DE PERNIL

Entre as comidas de rua mais famosas de São Paulo, o lanche de pernil é encontrado nos entornos dos estádios de futebol, nas feiras livres, no Mercado Municipal e, principalmente, na lanchonete Estadão, inaugurada em 1968 por proprietários portugueses. Muitos dizem que o segredo está no tempero do pernil, outros, na qualidade do animal; mas, certamente, é o molho à base de tomate e pimentões que completa esse sanduíche, patrimônio cultural da cidade.

+ TEMPO DE MARINADA

PERNIL ASSADO

Ingredientes

PARA O PERNIL
1,2 kg de pernil suíno traseiro
1 colher (chá) de sal
Pimenta-do-reino moída a gosto
300 mℓ de vinho branco seco (Chardonnay)
1 cebola cortada em fatias grossas

PARA O MOLHO
20 g de alho
30 g de cenoura
50 g de alho-poró
80 mℓ de azeite de oliva
200 g de tomate pelado
50 g de pimentões verdes fatiados
50 g de pimentões vermelhos fatiados
100 g de cebola fatiada
1 folha de louro
1 ramo de tomilho
1 ramo de orégano fresco
Sal a gosto
2 g de urucum
Pimenta-do-reino moída a gosto

PARA O LANCHE
4 pães franceses
12 fatias de pernil assado
4 colheres (sopa) de molho
4 colheres (chá) de salsinha

Método de preparo

PREPARO DO PERNIL
1. Tempere o pernil com sal, pimenta e vinho branco.
2. Deixe marinar por no mínimo 6 horas.
3. Preaqueça o forno a 240 °C.
4. Em uma assadeira, coloque a cebola e disponha o pernil sobre ela.
5. Acrescente o vinho e complete com água suficiente para atingir dois dedos acima do fundo da assadeira.
6. Cubra com papel-alumínio e leve ao forno.
7. Reduza a temperatura para 200 °C. Asse em torno de 2 horas, adicionando mais água sempre que necessário.
8. Depois de 1 hora, vire o pernil e deixe assar por mais 1 hora.
9. Retire e espere 10 minutos antes de fatiar.
10. Caso queira assar porções menores de pernil, compre fatias de 5 cm de espessura. Deixe marinar por 1 hora e asse por 1 hora e 30 minutos em forno preaquecido.

PREPARO DO MOLHO
1. Higienize, descasque e pique grosseiramente o alho, a cenoura e o alho-poró.
2. Processe-os em um liquidificador com 40 mℓ de azeite de oliva e o tomate pelado. Reserve.
3. Higienize, retire as sementes e fatie os pimentões em tiras de 0,5 cm.
4. Descasque e corte as cebolas em rodelas de 0,5 cm.
5. Em uma panela quente, adicione 40 mℓ de azeite e refogue a cebola e os pimentões fatiados.
6. Junte o molho de tomate temperado, as ervas picadas e cozinhe em torno de 10 minutos em fogo alto, sempre mexendo.
7. Tempere com sal, urucum e pimenta-do-reino.

PREPARO DO LANCHE
1. Corte os pães franceses ao meio.
2. Disponha as fatias de pernil e o molho.
3. Salpique a salsinha picada.

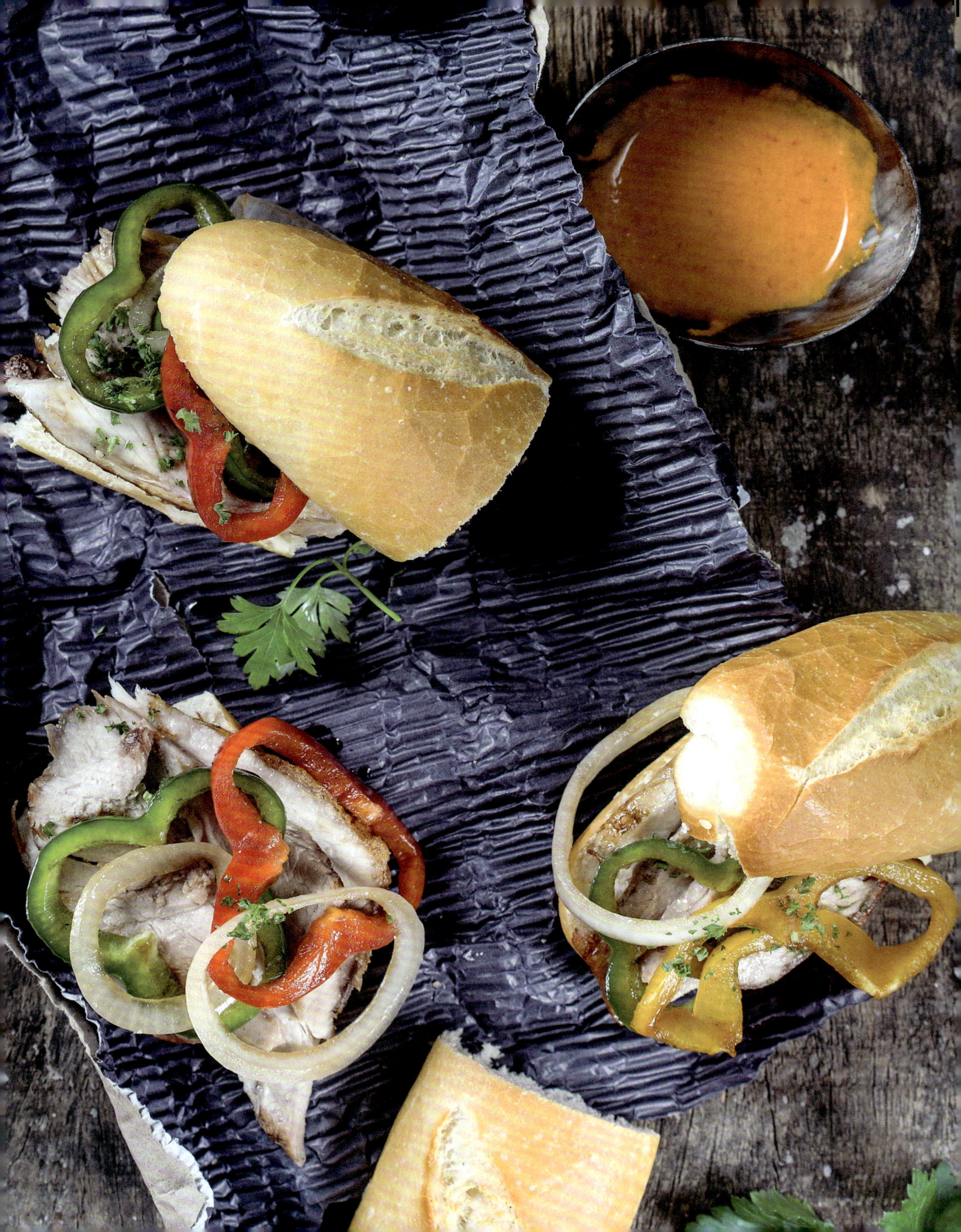

GRINGOS

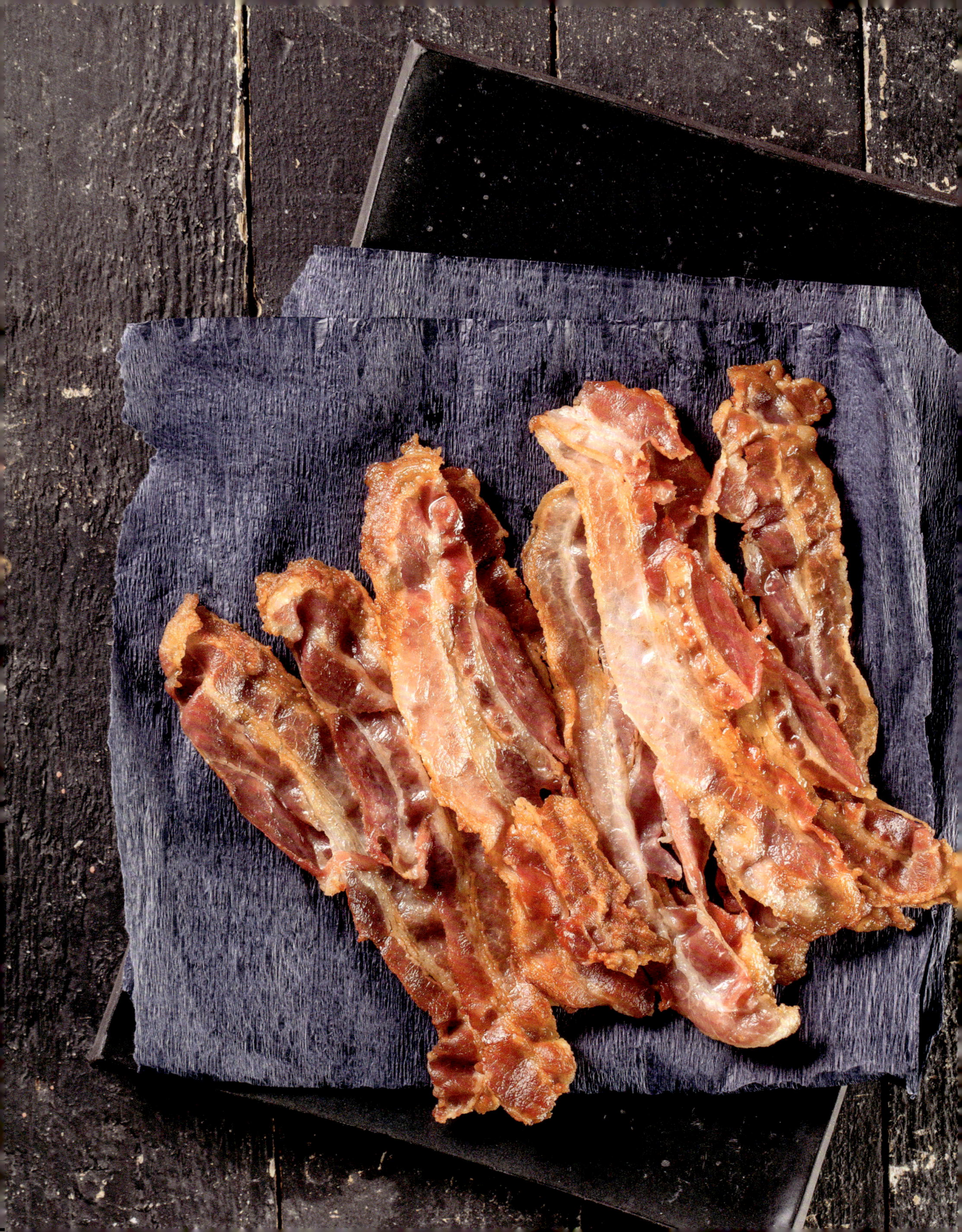

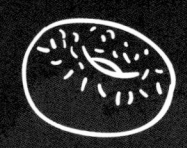

Famosos no mundo todo, muitos sanduíches são verdadeiros patrimônios culturais de alguns países. Geralmente refletem o gosto alimentar da população local e, além dos sabores marcantes, ganham o mundo pela simplicidade, combinação de ingredientes ou tradição.

Mais uma vez, a seleção de quais sanduíches comporiam este capítulo foi difícil, e a capacidade de reproduzi-los no Brasil foi o critério determinante para a escolha.

Os sanduíches que figuram entre os gringos perfazem uma verdadeira volta ao mundo de ingredientes, formatos e sabores, permitindo o uso de diversas técnicas e instigando a criatividade para adaptações.

Os Estados Unidos oferecem o maior número de receitas deste capítulo. Isso se deve à importância que os sanduíches têm na cultura alimentar do país e, também, à forte divulgação que fazem de seus produtos, o que os torna conhecidos mundialmente. Soma-se a isso a aceitação desses lanches mundo afora, tanto pelo sabor quanto pela presença nas redes de alimentos, também importadas dos EUA.

Além dos *yankees*, na seleção de gringos também foram incluídos sanduíches de origem europeia, como o francês croque-monsieur, uma espécie de misto-quente coberto com molho branco e queijo gratinado, o qual, ao receber um ovo frito por cima, vira o famoso croque-madame. A comunidade asiática também está representada pelo Bánh Mì, sanduíche vietnamita com marcante influência francesa, que remonta ao período colonial do país.

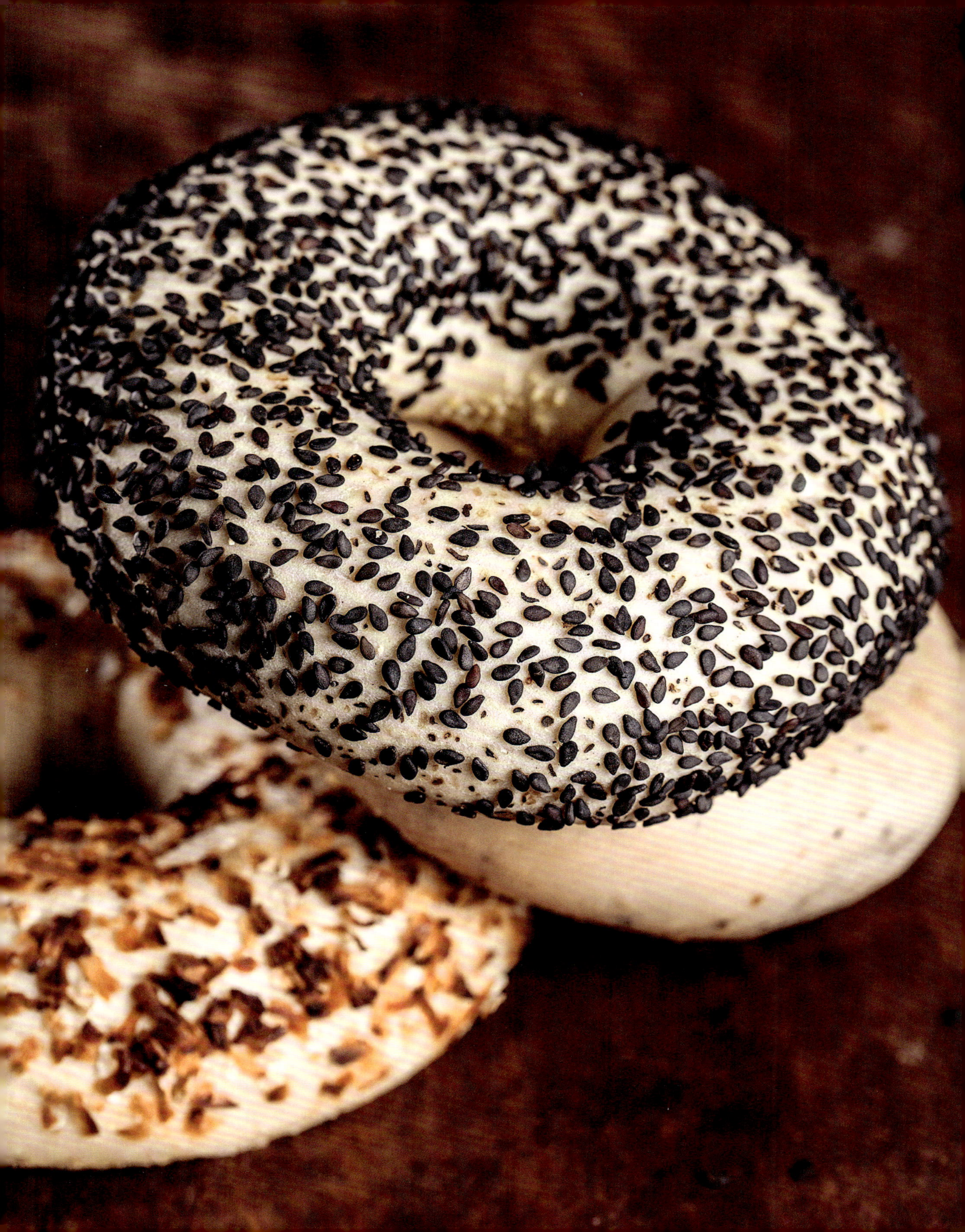

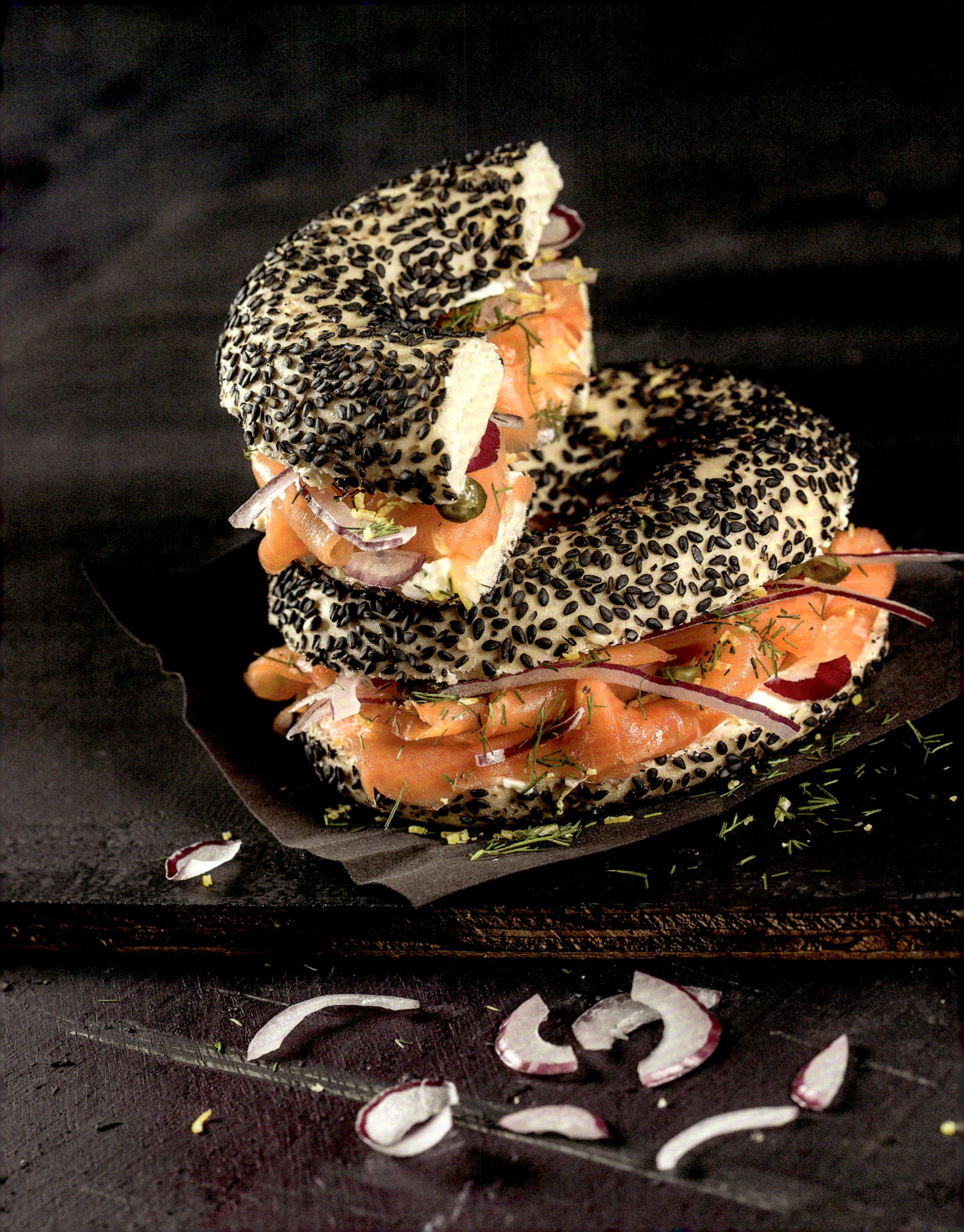

BAGEL LOX

Tradição do café da manhã nas delicatessens nova-iorquinas, o bagel lox se propagou dos EUA para o mundo. Apesar de podermos rastrear a origem de seus componentes, não é possível afirmar onde estes três ingredientes tão perfeitamente equilibrados foram unidos e quem criou a combinação: um bagel tradicional, de gergelim ou papoula, com a cremosidade do cream cheese e um bom salmão defumado. Algumas gotas de limão trazem um leve toque de acidez que realça a doçura do prato, e a presença de alcaparras finaliza a composição de sabores deste sanduíche. Vale ressaltar que o nome lox descende da palavra *lachs* ou *laks*, que corresponde a "salmão" em alemão e yiddish, respectivamente.

Ingredientes

1 limão-siciliano
1 cebola roxa fatiada fina
½ colher (chá) de sal
1 colher (chá) de açúcar
15 ml de azeite de oliva
2 colheres (sopa) de dill
4 bagels
100 g de cream cheese
200 g de salmão defumado
16 g de alcaparra

Método de preparo

1. Com um descascador de legumes, retire a casca do limão-siciliano sem tirar a parte branca. Pique finamente e reserve.
2. Em um recipiente pequeno, junte a cebola roxa, o sal, o açúcar, o suco do limão-siciliano e o azeite. Guarde na geladeira por 20 minutos.
3. Lave e pique finamente o dill.
4. Corte os bagels em sentido horizontal.
5. Passe o cream cheese nas duas metades de cada bagel.
6. Sobre uma das metades, adicione de duas a quatro fatias de salmão, dependendo de sua espessura.
7. Despeje algumas gotas de suco de limão e coloque as fatias de cebola roxa sobre o salmão.
8. Lave as alcaparras em água corrente e depois coloque-as sobre a cebola.
9. Polvilhe o dill e a casca de limão-siciliano finamente picados por cima.
10. Cubra com a outra metade do bagel e sirva.

Variações

- Misture o cream cheese com raiz-forte para dar um sabor mais picante ao bagel.
- Troque o cream cheese por creme azedo (VEJA A RECEITA NA P. 128), para deixar o sanduíche mais leve.

Ingredientes

16 fatias de bacon
8 folhas de alface-americana
2 tomates maduros
Sal a gosto
Pimenta-do-reino moída a gosto
8 fatias de pão de forma
2 colheres (sopa) de maionese

Método de preparo

1. Em uma assadeira com papel-alumínio, coloque as tiras de bacon. Leve ao forno preaquecido a 200 °C. Asse por cerca de 15 a 20 minutos até o bacon estar dourado e crocante. Na metade do tempo, vire as fatias e escorra o excesso de gordura.
2. Retire do forno e passe no papel-toalha para retirar a gordura excedente.
3. Lave e seque bem a alface.
4. Em seguida, lave o tomate, tire o umbigo e corte em rodelas de 0,5 cm. Tempere com sal e pimenta-do-reino.
5. Leve cada fatia de pão de forma a uma frigideira aquecida para dourar ambos os lados.
6. Passe a maionese na base do pão e monte o sanduíche com tomate, alface e bacon.
7. Corte na diagonal para fazer dois triângulos. Se quiser dar maior sustentação ao sanduíche, perfure-o com um palito de dentes ou palito de coquetel.

Variação

- Adicione fatias de abacate com 1 cm de espessura entre a alface e o bacon para fazer um BLTA (Bacon, Lettuce, Tomato and Avocado).

BLT – BACON, LETTUCE AND TOMATO

Este sanduíche é uma forma rápida e fácil de provar como a combinação de bons produtos pode gerar um sabor surpreendente. A sigla BLT corresponde a Bacon, Lettuce (alface) e Tomato (tomate). Considerado a perfeição em forma de sanduíche, acredita-se que o BLT, de origem americana, tenha sido criado a partir do club sandwich, porém, com menos ingredientes.

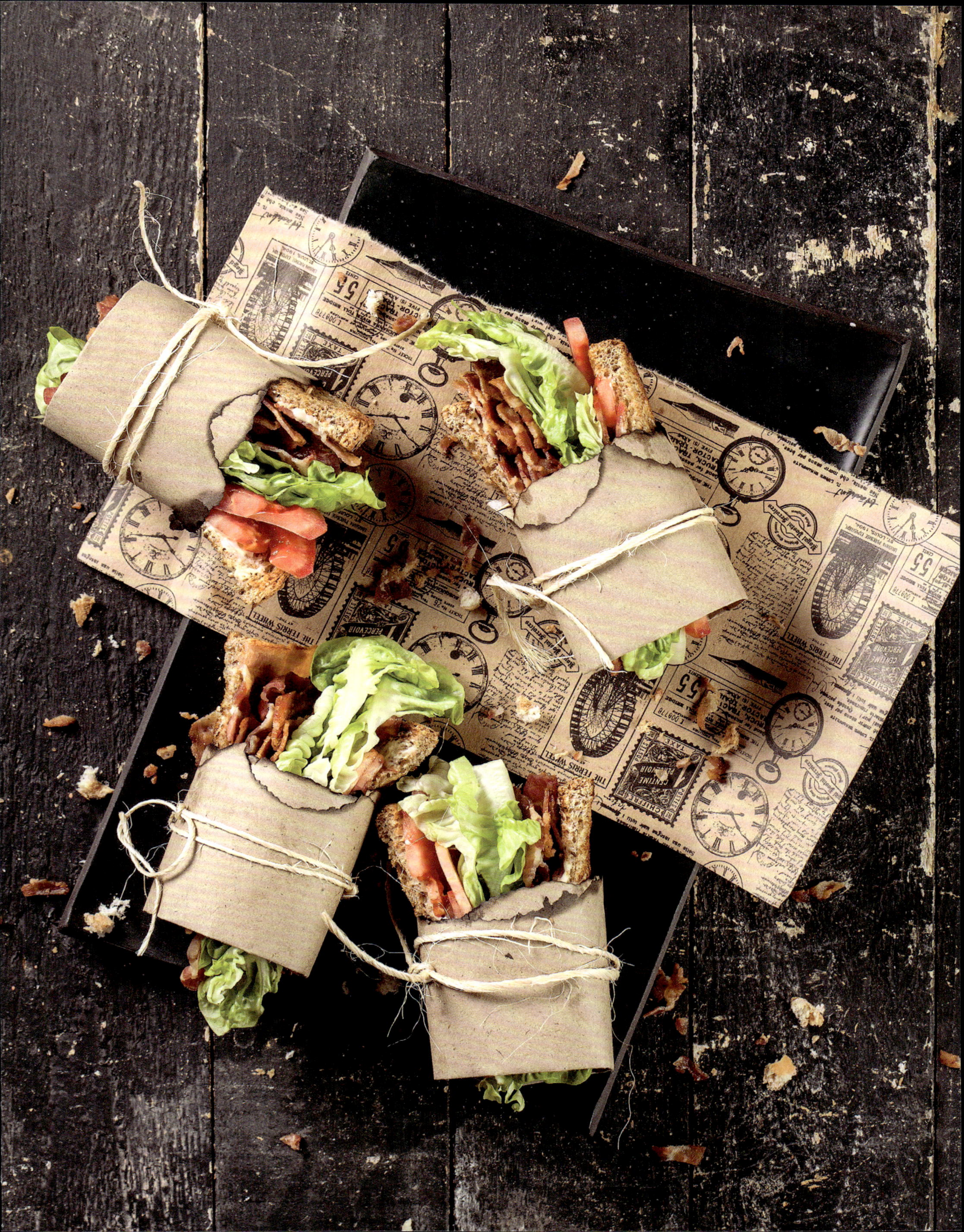

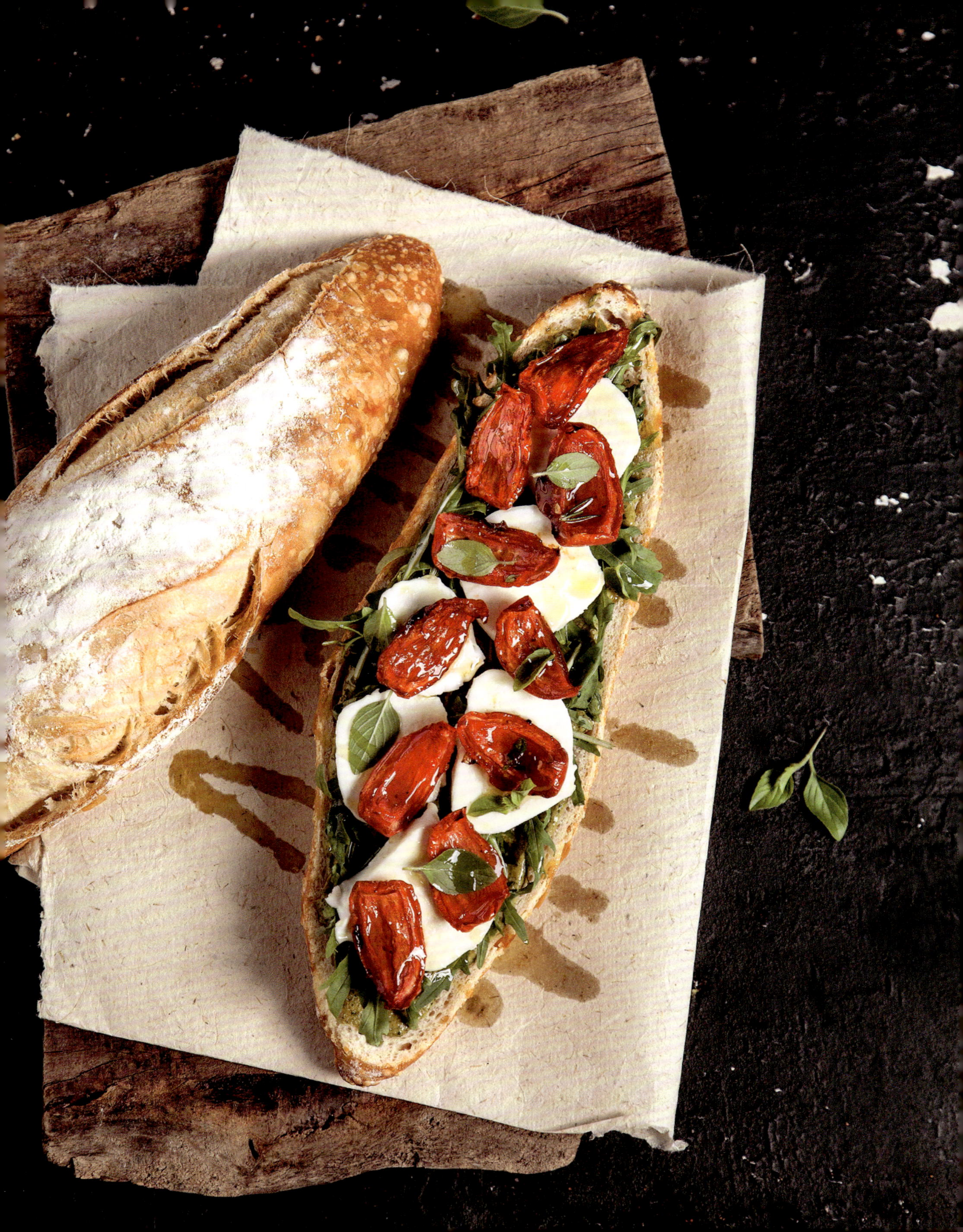

CAPRESE

Originado a partir de uma salada clássica italiana, com tomates, mozarela de búfala e folhas de manjericão, este sanduíche é uma refeição rápida, leve e saborosa. Seu segredo é a combinação mundialmente conhecida de bons ingredientes e um molho pesto que complementa e dá personalidade à receita.

Ingredientes

4 pães de ciabatta ou italiano filão
1 maço de rúcula
3 tomates-caqui
300 ml de molho pesto (VEJA A RECEITA NA P. 137)
200 g de cream cheese light
Sal a gosto
Pimenta-do-reino moída a gosto
600 g de mozarela de búfala

Método de preparo

1. Corte o pão horizontalmente ou em fatias.
2. Lave as folhas de rúcula e o tomate-caqui. Depois, corte-o em rodelas de aproximadamente 1 cm.
3. Caso a mozarela de búfala seja grande, corte-a em fatias de aproximadamente 0,5 cm. Se for pequena, corte-a ao meio.
4. Misture metade do pesto com o cream cheese para formar um creme.
5. Para montar o sanduíche, passe o creme de pesto no pão.
6. Adicione uma camada de fatias de tomate.
7. Polvilhe com sal e pimenta-do-reino.
8. Acrescente duas camadas de mozarela de búfala.
9. Em seguida, disponha as folhas de rúcula e tempere com o restante do pesto.
10. Se preferir, corte o lanche em tiras antes de servir.
11. Se preferir, pode colocar outra fatia de pão sobre o lanche ou a tampa da ciabata.

Variações

- Acrescente 100 g de azeitonas pretas sem caroço, cortadas em pequenas rodelas.
- Troque os tomates-caqui por 300 g de tomate confit (VEJA A RECEITA NA P. 158). Isso trará maior doçura ao lanche. Nesse caso, troque a ordem de montagem do tomate com o queijo.

PICLES
ASIÁTICO
+ PICLES
DE PEPINO
SALGADO

Ingredientes

4 filés de peito de frango
3 limões
2 laranjas
2 dentes de alho
2 pimentas dedo-de-moça
Sal a gosto
Pimenta-do-reino moída a gosto
1 colher (café) de semente de coentro moída
1 colher (café) de semente de cominho moída
50 ml de azeite de oliva
120 ml de molho de soja
4 baguetes
200 ml de maionese clássica (VEJA A RECEITA NA P. 133)
12 unidades de picles de pepino salgado (VEJA A RECEITA NA P. 153)
160 g de nabo em conserva (VEJA A RECEITA DE PICLES ASIÁTICO DE CENOURA E NABO, P. 149)
160 g de cenoura em conserva (VEJA A RECEITA DE PICLES ASIÁTICO DE CENOURA E NABO, P. 149)
6 folhas de hortelã
10 talos de coentro
1 maço de cebolinha

Método de preparo

1. Corte os filés de frango em tiras de 1 cm de espessura.
2. Deixe as tiras de frango marinando por 30 minutos na mistura de suco de limão, suco de laranja, alho picado, pimentas dedo-de-moça picadas, sal, pimenta-do-reino e sementes de coentro e de cominho moídas.
3. Corte o picles de pepino salgado, o nabo e a cenoura em tiras finas.
4. Retire as tiras de frango da marinada e reserve-a.
5. Aqueça uma frigideira em fogo alto.
6. Adicione o azeite e espere 1 minuto.
7. Grelhe as tiras de frango (2 a 3 minutos, até ficarem douradas e cozidas) e deixe esfriar.
8. Na mesma frigideira, adicione a marinada do frango e o molho de soja. Cozinhe até reduzir e engrossar. Desligue o fogo e deixe esfriar.
9. Em um recipiente, junte as tiras de frango com a marinada e o molho de soja reduzidos, a hortelã e o coentro picado grosseiramente.
10. Corte a baguete no sentido horizontal e retire o miolo do pão.
11. Passe maionese nas duas metades do pão.
12. Disponha o peito de frango, o pepino, o nabo e a cenoura em conserva.
13. Finalize com as ervas frescas (cebolinha, coentro e hortelã) e depois forme um sanduíche, completando com a outra metade do pão por cima.

Variações

- Troque o peito de frango por qualquer outra proteína, desde que já esteja bem temperada, cozida e fria.
- Adicione pimenta jalapeño fatiada, para maior picância.

CHICKEN BÁNH MÌ

Bánh Mì é um sanduíche vietnamita que prova a influência francesa na cultura da Indochina. Em uma baguete francesa, acrescenta-se um recheio tradicionalmente vietnamita, composto por uma proteína grelhada, legumes em conserva e muitas ervas aromáticas. O Bánh Mì pode ser feito de frango, carne, peixe, frutos do mar, patê ou até mesmo vegetariano, com tofu.

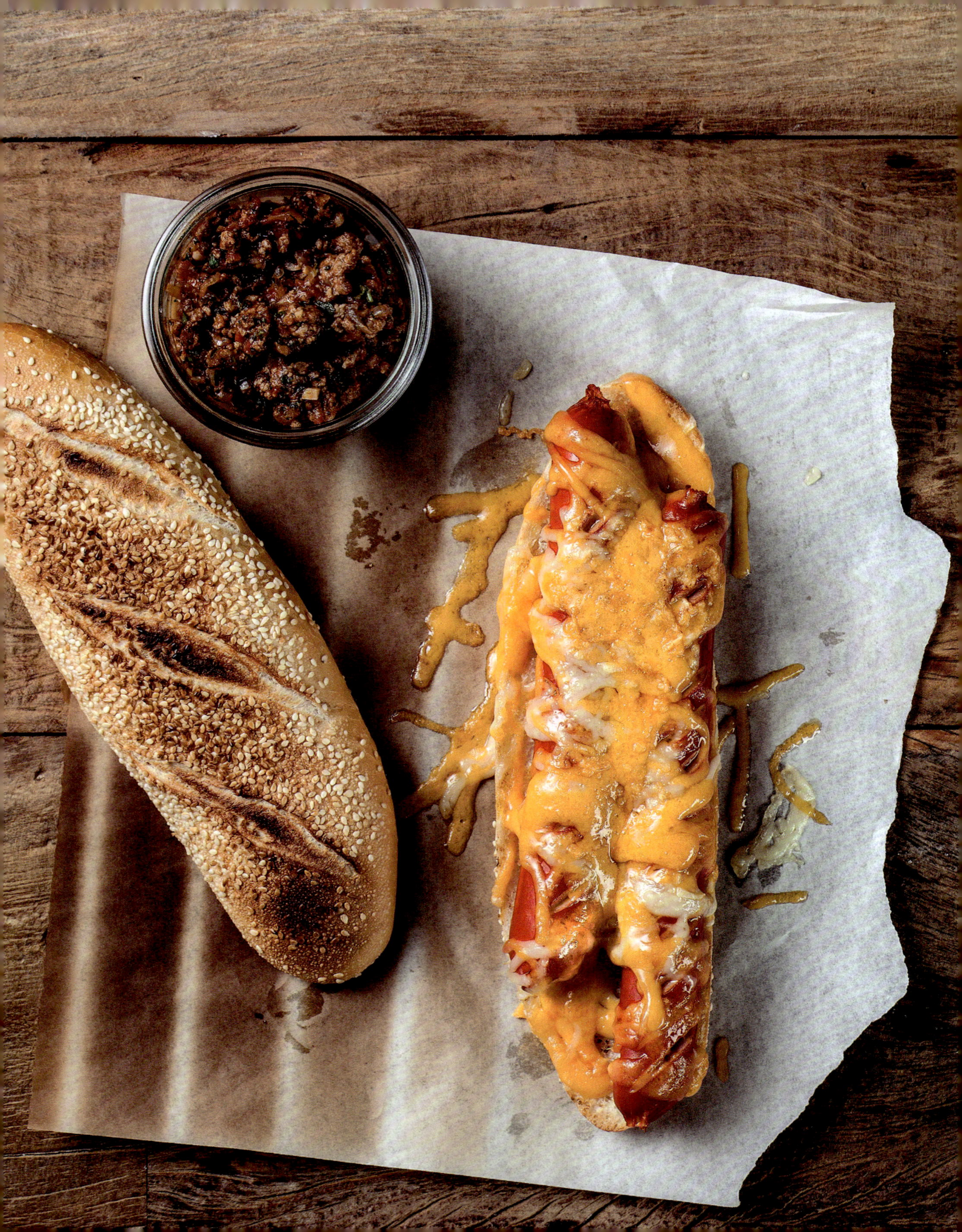

CHILI COM CARNE

CHILI DOG

Este sanduíche nasceu da junção de dois clássicos americanos, o hot dog e o chili con carne. Essa combinação é o exemplo do caldeirão cultural que são os EUA, com influências europeias e mexicanas num prato que agrada (e muito!) aos mais famintos.

Ingredientes

100 mℓ de azeite de oliva
200 g de carne moída (fraldinha)
½ cebola picada
1 pimenta-vermelha picada
2 dentes de alho picados
300 g de tomate pelado
1 colher (chá) de mostarda
1 colher (chá) de molho inglês
½ colher (chá) de cominho em pó
½ colher (chá) de páprica picante
Sal a gosto
Pimenta-do-reino moída a gosto
1 ½ colher (chá) de açúcar
3 colheres (chá) de molho de pimenta chipotle
4 baguetes de gergelim
4 salsichas tipo viena ou frankfurt
200 g de queijo do reino ou prato ralado

Método de preparo

1. Em uma panela com 50 mℓ de azeite de oliva, refogue a carne moída aos poucos e reserve.
2. Na mesma panela, em fogo médio, adicione o restante do azeite de oliva, a cebola, a pimenta-vermelha e o alho, e refogue até dourar.
3. Bata o tomate pelado no liquidificador e acrescente-o ao molho.
4. Junte a carne moída ao molho e tempere com os condimentos, o açúcar e o molho de pimenta chipotle.
5. Cozinhe por mais 10 minutos, sempre mexendo, e reserve.
6. Em outra panela com água fervente, cozinhe a salsicha por 5 minutos.
7. Corte a baguete pela metade.
8. Em um assadeira, disponha o pão, a salsicha e o queijo ralado.
9. Leve ao forno preaquecido a 180 °C até o queijo derreter.
10. Sirva com o chili com carne.

Variações

- Para maior picância, aumente a quantidade de pimenta fresca ou substitua por pimenta-malagueta, por exemplo.
- Caso não encontre o molho de pimenta chipotle, substitua por molho de pimenta-vermelha.

CLUB SANDWICH

Lanche mais pedido nos serviços de *room service* dos hotéis do mundo todo, o club sandwich tem origem incerta. A teoria mais famosa afirma que ele foi inventado em 1894 no Saratoga Club House, uma espécie de cassino em Nova York. Originalmente, o sanduíche era servido frio, composto de pão tostado, peito de peru, bacon, alface, tomate e maionese. Diversas versões já foram criadas, inclusive servindo-o quente e com variação de ingredientes.

Ingredientes

2 tomates
Sal a gosto
Pimenta-do-reino moída a gosto
4 colheres (sopa) de maionese clássica (VEJA A RECEITA NA P. 133)
2 colheres (sopa) de ketchup tradicional (VEJA A RECEITA NA P. 131)
1 colher (chá) de mostarda
1 colher (chá) de molho inglês
2 colheres (chá) de salsinha picada
2 colheres (chá) de cebolinha fatiada
4 filés de frango (80 g cada)
2 colheres (chá) de manteiga
12 fatias de pão de forma
8 folhas de alface-americana
8 picles de pepino (VEJA A RECEITA NA P. 154)
4 unidades (35 g) de azeitonas recheadas com pimentão

Método de preparo

1. Corte o tomate em fatias de 0,5 cm de espessura e tempere com sal e pimenta. Reserve.
2. Para o molho rosé, misture 2 colheres (chá) de maionese, o ketchup, a mostarda, o molho inglês, a salsinha e a cebolinha. Reserve.
3. Tempere o filé de frango com sal e pimenta.
4. Aqueça uma frigideira, adicione a manteiga e espere derreter. Acrescente o filé de frango e doure ambos os lados.
5. Reduza o fogo, tampe a panela e cozinhe até que fique no ponto correto (de 4 a 5 minutos). Mantenha quente.
6. Retire as cascas de três fatias de pão de forma. Coloque as fatias em uma frigideira preaquecida até dourar ambos os lados, de 1 a 3 minutos.
7. Passe a maionese restante em uma das faces do pão, adicione o filé de frango e os picles de pepino.
8. Sobreponha outra fatia de pão, passe o molho rosé e acrescente a alface e o tomate, finalizando com outra fatia de pão.
9. Corte diagonalmente para servir e segure-o com um palito de dentes ou de coquetel.
10. Decore com as azeitonas recheadas.

Variações

- Adicione bacon ao club sandwich para ficar mais saboroso.
- Sirva com azeitonas pretas e ovo frito com gema mole.

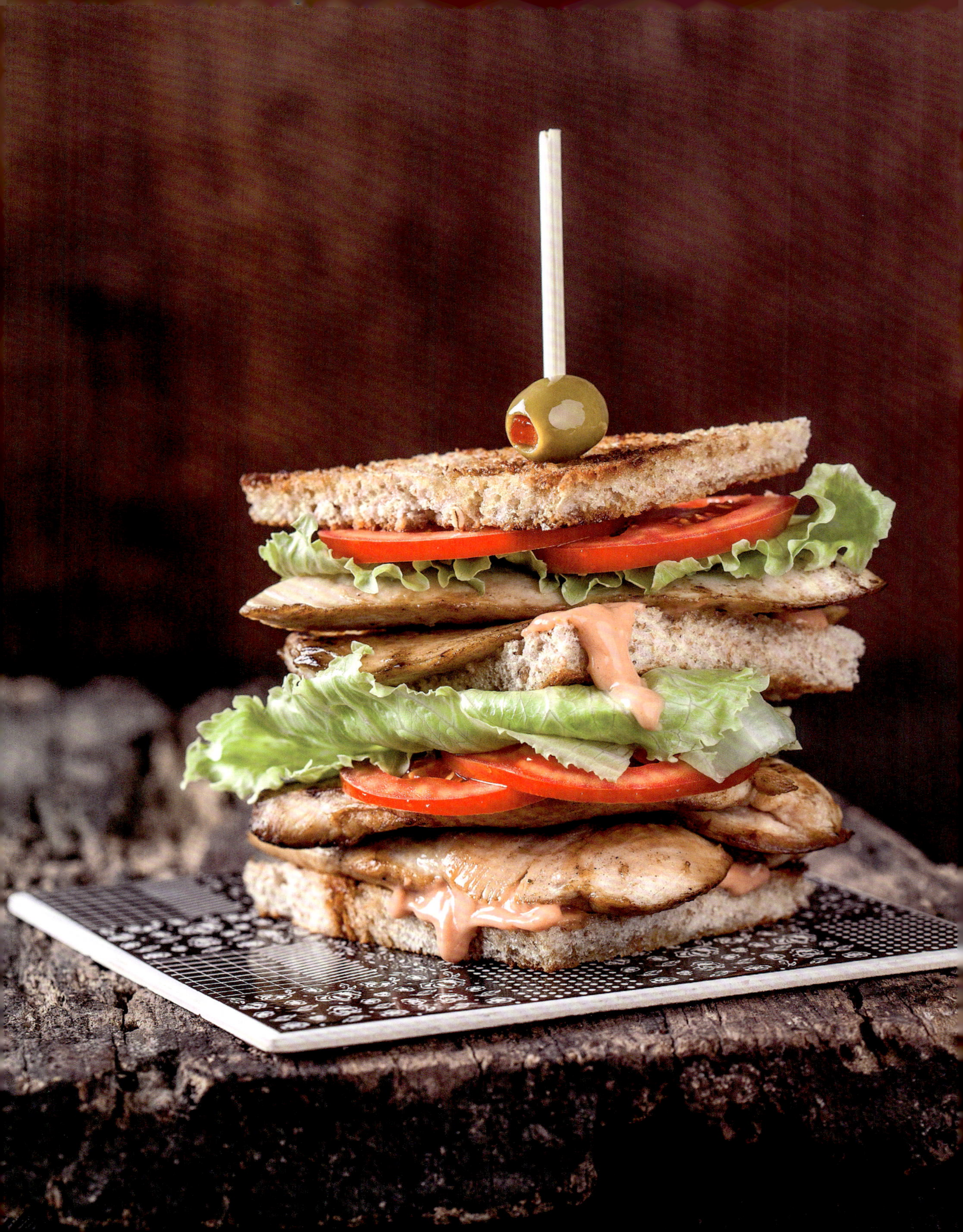

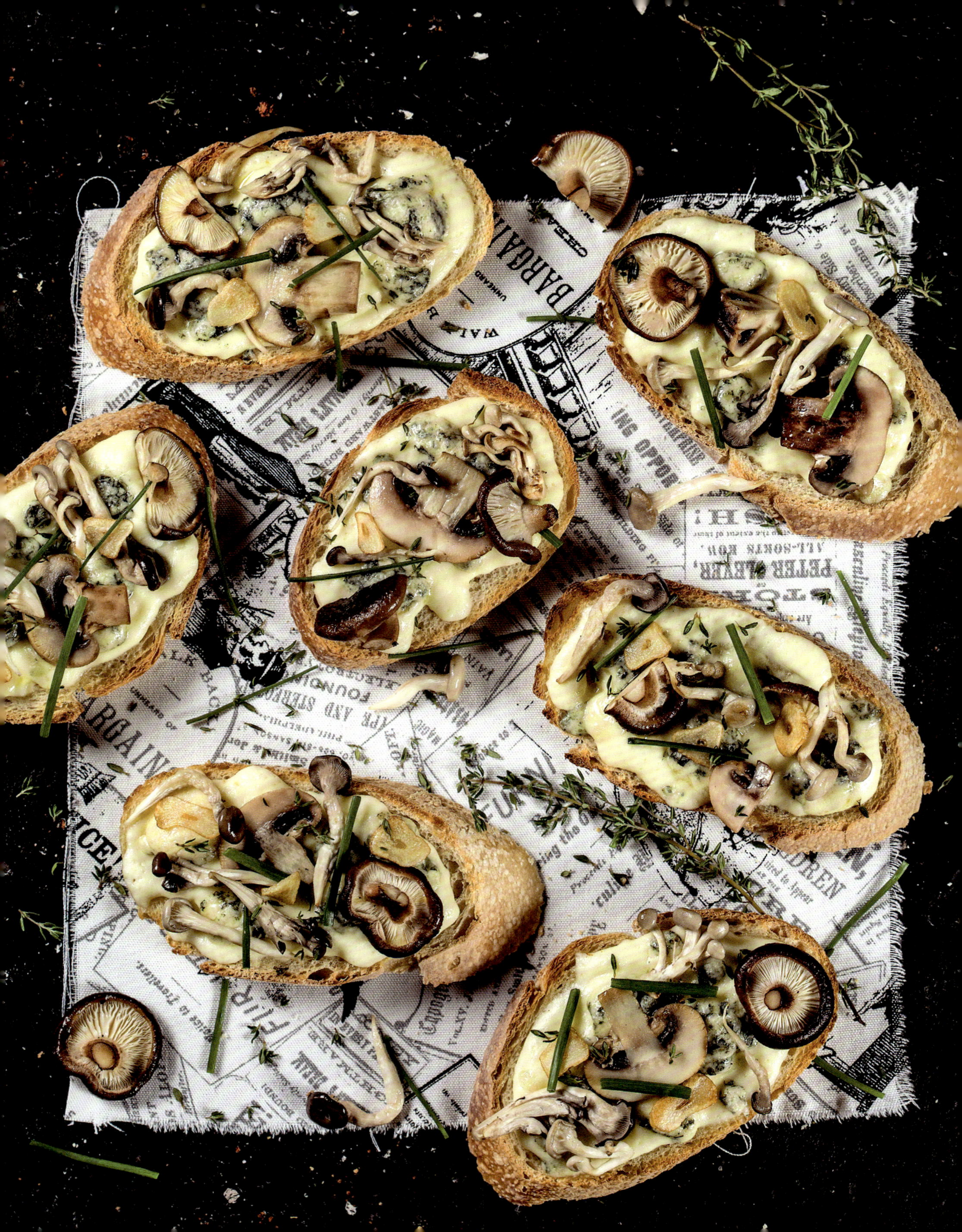

CREME DE COGUMELOS

GORGONZOLA E FUNGHI

Este sanduíche foi inspirado na cozinha italiana, que combina cogumelos e queijo gorgonzola em diversos pratos no período do outono do país.

Ingredientes

1 cebola
2 dentes de alho
100 g de shimeji
100 g de shitake
100 g de cogumelo-de-paris
200 g de queijo gorgonzola
1 colher (sopa) de salsinha
1 colher (sopa) de cebolinha
4 baguetes de queijo
50 g de manteiga
1 ramo de tomilho fresco
50 ml de vinho branco seco
150 ml de creme de leite fresco
Sal a gosto
Pimenta-do-reino moída a gosto
1 colher (chá) de páprica doce

Método de preparo

1. Corte a cebola e os dentes de alho em cubinhos.
2. Separe os cogumelos com a mão.
3. Fatie os cogumelos shitake e paris, se necessário.
4. Com a ajuda de um garfo, amasse o queijo gorgonzola.
5. Lave e pique a salsinha e a cebolinha grosseiramente.
6. Em uma frigideira, aqueça a manteiga e refogue o alho e a cebola até ficarem dourados.
7. Adicione os cogumelos e o tomilho, e refogue em fogo alto por 5 minutos.
8. Acrescente o vinho branco e refogue até evaporar.
9. Junte o gorgonzola e o creme de leite.
10. Cozinhe até o gorgonzola derreter e formar um creme espesso.
11. Coloque sal caso ache necessário. Incorpore a pimenta, a páprica, a salsinha e a cebolinha.
12. Para a montagem, corte a baguete ao meio ou em fatias, como uma bruschetta.
13. Feito isso, espalhe uma camada generosa do creme de cogumelos, seguida por um pouco de ervas frescas.

Variações

- Acrescente tomate-cereja picado ou folhas de rúcula para dar mais cor e sabor.
- Substitua a páprica doce por páprica picante e adicione 1 g de pimenta-caiena, para dar mais picância.
- Pode-se variar o tipo de cogumelos utilizados, desde que sejam sempre frescos.
- Adicione nozes picadas junto do recheio para maior crocância.

CROQUE-MADAME

A origem do croque-madame é bastante incerta. Mesmo sendo associado à França, acredita-se na influência de pratos de outros países para essa combinação. O nome, por sua vez, tem relação com o croque, pão banhado em ovos batidos antes de ser grelhado, típico da Provença. Muito semelhante ao misto-quente, o croque-madame ainda leva um creme de queijo gratinado e um ovo frito ou pochê. Caso queira servir sem o ovo, ele se torna o croque-monsieur.

Ingredientes

1 colher (sopa) de manteiga
1 ½ colher (sopa) de farinha de trigo
1 xícara (chá) de leite (240 mℓ)
Sal a gosto
Pimenta-do-reino moída a gosto
Noz-moscada ralada a gosto
100 g de queijo parmesão ralado
8 fatias de pão de forma ou 4 fatias de pão italiano
1 colher (sopa) de mostarda de Dijon
16 fatias de presunto royale ou cozido magro (160 g)
12 fatias de queijo gruyère (200 g)
30 mℓ de óleo vegetal
4 ovos

Método de preparo

1. Preaqueça o forno a 200 °C.
2. Derreta a manteiga em uma panela, em fogo baixo.
3. Adicione a farinha de trigo e mexa por 4 minutos.
4. Acrescente lentamente o leite frio na mistura de manteiga com farinha e cozinhe mexendo constantemente, até o molho engrossar (fogo brando por aproximadamente 20 minutos).
5. Retire do fogo e tempere com sal, pimenta-do-reino, noz-moscada e metade do queijo parmesão ralado. Reserve.
6. Grelhe as fatias de pão em uma frigideira quente (1 minuto de cada lado, em fogo alto).
7. Passe mostarda em um lado dos pães.
8. Para cada fatia de pão, disponha quatro fatias de presunto e três fatias de queijo gruyère.
9. Feche os lanches com outra fatia de pão.
10. Em um refratário, coloque os sanduíches, cubra com o molho de queijo e finalize com a outra metade do queijo parmesão ralado.
11. Coloque no forno para gratinar.
12. Para os ovos pochê, coloque água para ferver em uma panela.
13. Corte 4 pedaços de filme plástico e forre o fundo de 4 pratos fundos.
14. Acrescente um fio de óleo sobre o filme plástico e quebre um ovo em cada prato (com cuidado para não estourar a gema).
15. Unindo as pontas de cada pedaço do filme plástico, faça uma trouxinha e amarre.
16. Abaixe o fogo da panela e coloque as trouxinhas na água.
17. Após 3 minutos, abra as trouxinhas de filme plástico e retorne o ovo à panela por mais 1 minuto.
18. Sirva sobre o lanche gratinado.

TEMPO DE HIDRATAR + **MASSA DO FALAFEL + PICLES DE PEPINO SALGADO**

Ingredientes

PARA O LANCHE
40 g de picles de pepino salgado
(VEJA A RECEITA NA P. 153)
50 g de conserva de repolho
4 pães sírios ou pães-folha

PARA A MASSA DE FALAFEL
150 g de fava seca hidratada na véspera da preparação
100 g de grão-de-bico hidratado na véspera da preparação
15 g de alho
120 g de cebola
3 colheres (sopa) de cebolinha
3 colheres (sopa) de salsinha
3 colheres (sopa) de coentro
2 colheres (chá) de semente de cominho em pó
3 colheres (chá) de semente de coentro em pó
2 colheres (chá) de pimenta-caiena
1 limão-siciliano
Sal a gosto
Pimenta-do-reino moída a gosto
5 g de bicarbonato de sódio
1,5 ℓ de óleo vegetal

PARA O MOLHO
1 colher (chá) de salsinha
1 colher (chá) de cebolinha
1 pote de iogurte natural (170 g)
1 colher (sopa) de tahine
1 colher (sopa) de limão-siciliano

Método de preparo

1. Hidrate a fava e o grão-de-bico em água por pelo menos 24 horas. Mantenha refrigerado.
2. Retire as cascas da fava e do grão-de-bico.
3. Processe a fava, o grão-de-bico, o alho, a cebola, a cebolinha, a salsinha e o coentro em um processador.
4. Tempere com a semente de cominho, a semente de coentro, a pimenta-caiena, o limão-siciliano, o sal e a pimenta-do-reino.
5. Bata intensamente com uma espátula ou uma batedeira com pá.
6. Deixe a massa descansar por 1 hora.
7. Adicione o bicarbonato de sódio à massa do falafel.
8. Drene e pique os picles de pepino salgado e a conserva de repolho.
9. Para o molho, pique a salsinha e a cebolinha.
10. Misture os ingredientes e reserve.
11. Coloque o óleo em uma panela e aqueça até aproximadamente 180 °C.
12. Molde o falafel em bolinhos com o auxílio de duas colheres. É importante colocar o maior número de bolinhos na panela, até preenchê-la por completo, fazendo com que a temperatura do óleo não fique tão elevada e assim evitando que o bolinho queime ou fique cru por dentro.
13. Frite em óleo quente até dourar.
14. Corte o pão sírio ao meio, adicione o falafel recém-frito e acrescente os picles de pepino salgado e a conserva de repolho.
15. Finalize com o molho de tahine.

Variações

- As favas secas podem ser substituídas por feijão na massa de falafel.
- Sirva com salada de tomate e pepino, temperada com azeite de oliva, sal e suco de limão-siciliano.

FALAFEL

Originário do Oriente Médio, o falafel é um bolinho frito de grão-de-bico, feijão e/ou favas temperado com ervas frescas, que se assemelha ao acarajé. No sanduíche, ele é normalmente servido com outros clássicos, como o babaganoush (pasta de berinjela assada), a homus (pasta de grão-de-bico), salada de tomate e pepino, entre outros recheios que podem variar bastante, já que não há uma receita correta, e que podem incluir até picles de pepino e repolho.

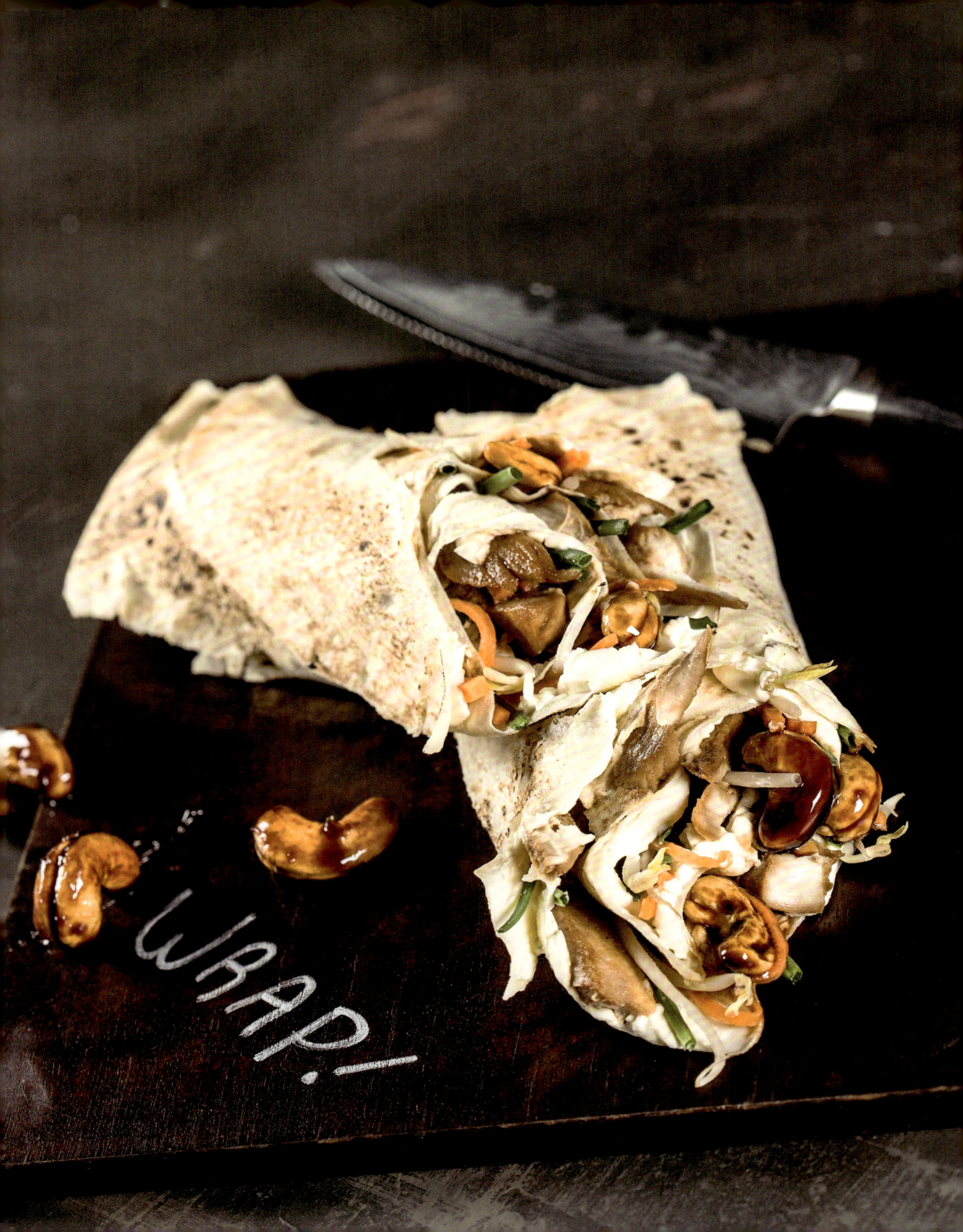
WRAP!

Honey and Soy Chicken Wraps

A origem dos wraps pode estar associada tanto aos sanduíches árabes de pão-pita e pão-folha quanto às tortilhas mexicanas. Porém, eles foram criados nos Estados Unidos e são famosos por sua versatilidade.

Ingredientes

- 400 g de filé de frango (4 unidades)
- 50 mℓ de óleo vegetal
- 90 mℓ de mel
- 45 mℓ de molho de soja
- 100 g de castanha-de-caju
- 200 g de broto de feijão
- 1 maço de cebolinha francesa ou ciboulette
- 4 tortilhas de farinha de trigo ou pães-folha
- 100 g de cream cheese
- 200 g de picles de cenoura

Método de preparo

1. Corte o frango em tiras de 1 cm de espessura.
2. Em uma frigideira quente, coloque o óleo e grelhe as tiras de frango até ficarem douradas. Reserve.
3. Na mesma panela, junte o mel e o molho de soja. Cozinhe até engrossar.
4. Junte as castanhas-de-caju e as tiras de frango ao molho.
5. Por fim, junte o broto de feijão ao molho e desligue o fogo.
6. Lave as cebolinhas.
7. Abra o pão-folha ou a tortilha e, com a parte de trás de uma colher, passe uma fina camada de cream cheese.
8. Acrescente o frango, a cebolinha e o picles de cenoura.
9. Enrole e corte ao meio em diagonal.
10. Sirva com o molho preparado.

CURRYWURST HOT DOG

De origem indiana, o curry se espalhou pelo mundo por intermédio de seu país colonizador, a Inglaterra. Não agrada a todos os paladares, mas certamente faz par perfeito com alguns ingredientes. No caso deste hot dog, a combinação da salsicha branca de vitela com a pungência do molho e o adocicado da cebola é perfeita.

Ingredientes

350 ml de creme de leite fresco
2 colheres (chá) de curry em pó
1 colher (café) de noz-moscada ralada
Sal a gosto
Pimenta-do-reino moída a gosto
400 g de cebola fatiada finamente
200 g de farinha de trigo
2 colheres (chá) de páprica picante
2 colheres (chá) de páprica doce
2 l de óleo vegetal
4 salsichas de vitela brancas (Weisswurst)
4 pães de cachorro-quente

Método de preparo

1. Em uma panela em fogo médio, coloque o creme de leite e deixe reduzir até a metade.
2. Junte o curry e a noz-moscada.
3. Cozinhe até ficar cremoso, sempre mexendo.
4. Tempere com sal e pimenta-do-reino.
5. Empane as fatias de cebola em farinha de trigo temperada com sal, pápricas picante e doce, e pimenta-do-reino.
6. Frite em óleo quente até ficar dourada. Escorra em papel-toalha e reserve.
7. Em uma frigideira com um pouco de óleo, frite a salsicha fatiada até ficar dourada.
8. Corte o pão pela metade.
9. Acrescente as fatias de salsicha, o molho de curry e coloque a cebola dourada por cima.

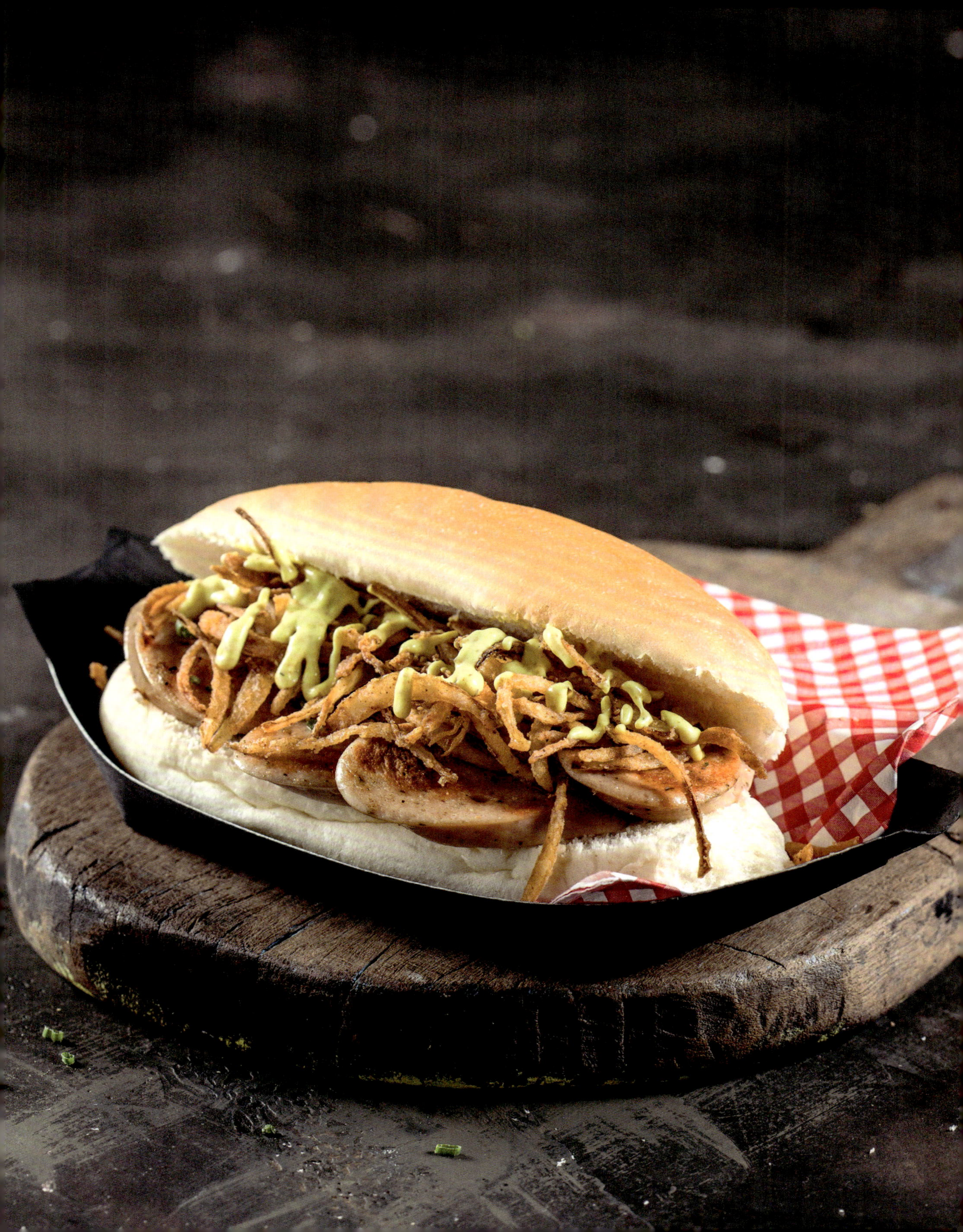

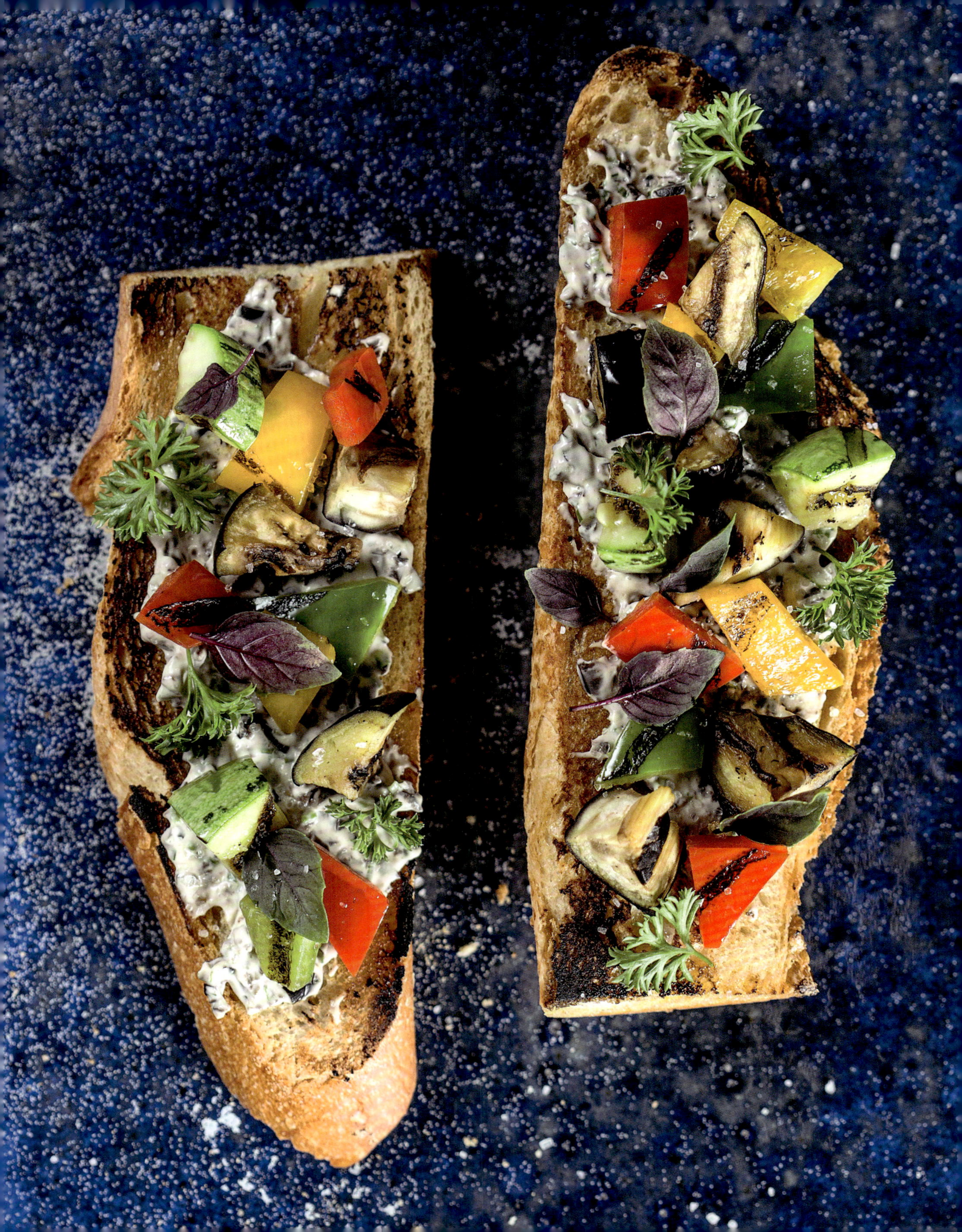

LEGUMES GRELHADOS + TOMATE E ALHO CONFIT

GRILLED VEGETABLES SANDWICH

Este sanduíche vegetariano tem como característica aromática o sucesso de receitas europeias, como o ratatouille francês e a caponata italiana. A composição desses ingredientes com o sabor tostado da grelha traz um sanduíche de grande personalidade para aqueles que querem evitar as carnes.

Ingredientes

1 abobrinha
1 berinjela
1 pimentão vermelho
1 pimentão verde
1 pimentão amarelo
1 colher (chá) de sal
1 colher (sopa) de açúcar
5 grãos de pimenta-do-reino
400 mℓ de azeite de oliva
1 pão italiano filão
200 g de maionese de azeitonas
(VEJA A RECEITA NA P. 133)

Método de preparo

1. Lave os vegetais.
2. Corte a abobrinha e a berinjela na transversal, em 4 pedaços.
3. Tire as sementes dos pimentões e corte-os em quatro na transversal.
4. Coloque os vegetais em uma assadeira, junte o sal, o açúcar e a pimenta-do-reino.
5. Regue com bastante azeite de oliva.
6. Aqueça uma frigideira ou uma grelha (preparar na churrasqueira traz um sabor especial de defumado).
7. Grelhe os vegetais por cerca de 1 minuto cada lado.

Montagem

1. Corte o pão ao meio ou em fatias.
2. Toste em uma chapa ou uma frigideira quente com azeite de oliva.
3. Passe a maionese de azeitonas e disponha os vegetais grelhados.

Variação

- Sirva com tomates e alho confit (VEJA A RECEITA NA P. 158).

PULLED PORK

Ingredientes

PARA O LANCHE
1 kg de costelinha de porco
1 colher (sopa) de sal
1 colher (café) de pimenta-do-reino recém-moída
1 colher (sopa) de páprica picante
1 colher (chá) de páprica doce
2 cebolas

PARA O MOLHO
200 ml de água
50 g de açúcar mascavo
200 ml de ketchup tradicional (VEJA A RECEITA NA P. 131)
200 ml de molho barbecue (VEJA A RECEITA NA P. 126)
1 colher (chá) de mostarda em pó
45 ml de molho inglês
50 ml de vinagre de maçã
60 ml de melaço de cana

PARA SERVIR
4 pães de hambúrguer
400 g de coleslaw (VEJA A RECEITA NA P. 147)

Método de preparo

1. Corte as costelinhas, separando os ossos.
2. Misture o sal, a pimenta-do-reino e as pápricas picante e doce, até formar um tempero único. Esfregue esse tempero nas costelinhas, cubra com filme plástico e leve à geladeira por 1 hora.
3. Preaqueça o forno a 180 °C.
4. Em uma assadeira, coloque as cebolas cortadas em quatro rodelas.
5. Disponha as costelinhas sobre as cebolas e cubra com papel-alumínio. Asse por 2 horas, virando após 1 hora. A carne deve estar soltando dos ossos. Caso não esteja, mantenha por mais um tempo no forno, cuidando para não queimar.
6. Espere que estejam mornas para, com a ajuda de dois garfos, separar a carne dos ossos. Depois, desfie-a. Reserve por até 1 dia na geladeira.
7. Para fazer o molho, misture a água, o açúcar mascavo, o ketchup, o molho barbecue, a mostarda em pó, o molho inglês, o vinagre de maçã e o melaço de cana em uma panela. Cozinhe, em fogo médio, por aproximadamente 1 hora ou até que fique grosso.
8. Junte a carne desfiada ao molho.
9. Corte na metade os pães de hambúrguer.
10. Disponha a carne sobre o pão e cubra com o coleslaw.
11. Coloque a tampa do pão por cima e sirva.

Variação

- Sirva com pimenta japeño.

PULLED PORK

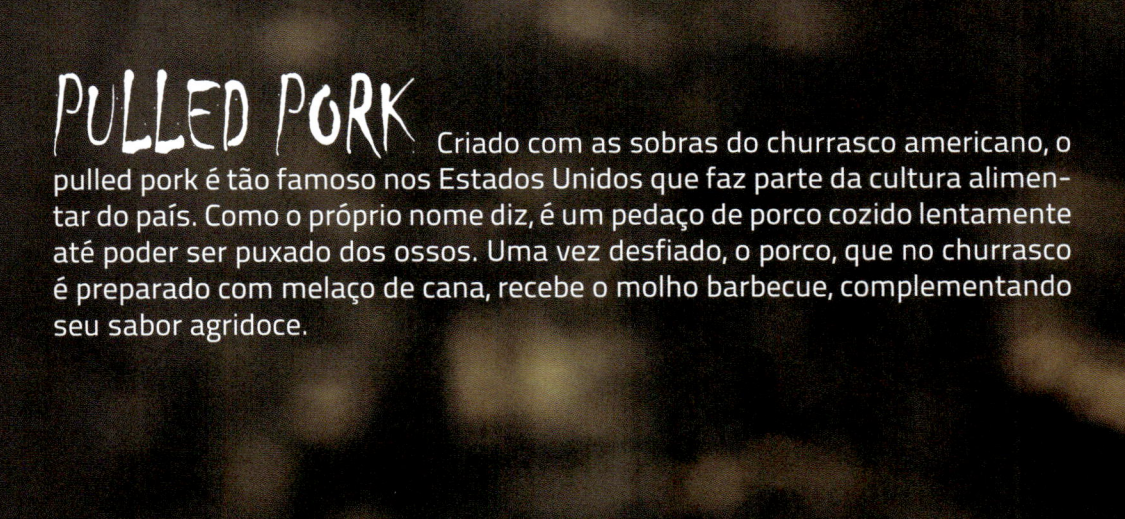

Criado com as sobras do churrasco americano, o pulled pork é tão famoso nos Estados Unidos que faz parte da cultura alimentar do país. Como o próprio nome diz, é um pedaço de porco cozido lentamente até poder ser puxado dos ossos. Uma vez desfiado, o porco, que no churrasco é preparado com melaço de cana, recebe o molho barbecue, complementando seu sabor agridoce.

REUBEN

Este sanduíche é outro ícone americano, feito com pastrami, conserva de repolho, queijo suíço, mostarda e pão de centeio. Sua origem está associada a um vendedor de mesmo nome, que criou o prato para consumir durante seus jogos de pôquer em um hotel em Omaha, Nebraska. O sanduíche fez tanto sucesso que hoje é marca registrada das delicatessens americanas.

PICLES DE PEPINO

Ingredientes

8 fatias de pão de centeio
150 g de manteiga
500 g de pastrami
8 fatias de queijo suíço
200 g de repolho em conserva
4 unidades de picles de pepino (VEJA A RECEITA NA P. 154)
200 g de maionese de ervas (VEJA A RECEITA NA P. 134)

Método de preparo

1. Corte o pão de centeio em fatias de aproximadamente 2 cm de espessura e passe manteiga.
2. Grelhe o lado com manteiga de cada fatia de pão.
3. Em uma frigideira ou uma chapa, grelhe oito fatias de pastrami juntas, coloque o queijo suíço sobre elas e abafe com uma tampa de panela para derreter.
4. Drene o repolho e refogue em 50 g de manteiga.
5. Monte o sanduíche usando uma base de pão com o lado grelhado para cima. Coloque o pastrami e, por cima, o repolho em conserva. Finalize com a outra fatia de pão.
6. Segure o recheio do lanche com o auxílio de um palito.
7. Sirva com os picles de pepino e a maionese de ervas.

Variação

- Caso queira um sabor mais marcante, adicione ao repolho 30 gramas de molho de mostarda com sementes (mostarda à l'ancienne).

TURKEY SANDWICH

No feriado do Dia de Ação de Graças, nos Estados Unidos, é tradição comer um peru assado. No dia seguinte, o costume é comer as sobras do peru, daí o surgimento desse sanduíche que virou tão tradicional quanto o próprio peru de Ação de Graças. Por isso, o lanche pode ser consumido o ano inteiro em bares e restaurantes do país. O sabor suave do peru combina perfeitamente com a geleia de cranberry, espécie de mirtilo típico de países frios.

PEITO DE PERU ASSADO

Ingredientes

1 peito de peru, de preferência com a pele (em torno de 400 g)
Sal a gosto
Pimenta-do-reino moída a gosto
1 cebola
2 maçãs
1 dente de alho
4 ramos de tomilho
2 folhas de louro
2 ramos de sálvia
100 g de manteiga derretida
50 g de maionese clássica (VEJA A RECEITA NA P. 133)
10 g de mostarda de Dijon
2,5 g de açúcar
8 fatias de pão de forma ou pão italiano
50 g de geleia de cranberry

Método de preparo

1. Tempere o peito de peru com sal e pimenta-do-reino.
2. Descasque a cebola e corte em quatro rodelas.
3. Corte a maçã em quatro pedaços e tire as sementes.
4. Corte o dente de alho pela metade.
5. Preaqueça o forno a 165 °C.
6. Em uma assadeira, espalhe a maçã, a cebola, o alho, o tomilho, o louro e a sálvia, formando uma base.
7. Derreta 100 g de manteiga e cubra o peito de peru.
8. Coloque o peru sobre a camada de temperos com a pele voltada para cima.
9. Cubra a assadeira com papel-alumínio. Asse por 1 hora.
10. Retire a assadeira do forno e aumente a temperatura para 220 °C.
11. Remova o papel-alumínio e passe novamente a manteiga derretida.
12. Volte o peru ao forno por 15 minutos ou até que ele fique dourado.
13. Retire do forno, separe o peru dos outros ingredientes e reserve (pode ser guardado na geladeira por 2 dias nesse estágio).
14. Corte o peru em fatias.
15. Em um recipiente, misture a maionese com a mostarda de Dijon e o açúcar.
16. Toste os pães em uma frigideira.
17. Passe uma leve camada de maionese sobre metade dos pães.
18. Moa um pouco de pimenta-do-reino sobre eles.
19. Coloque o peito de peru fatiado sobre o pão (ele pode estar quente ou frio, dependendo de sua preferência).
20. Sobre o peru, disponha uma rodela de cebola e um pedaço de maçã assada.
21. Na outra fatia do pão, passe a geleia de cranberry.
22. Coloque essa fatia de pão sobre os acompanhamentos e corte na diagonal.

Variações

- Troque a geleia de cranberry por geleia de framboesa ou de amora.
- Derreta algumas fatias de queijo gruyère (25 g por sanduíche) sobre o peito de peru.
- Adicione picles (VEJA A RECEITA NA P. 154) se quiser um sabor mais ácido.

HAMBÚRGUERES

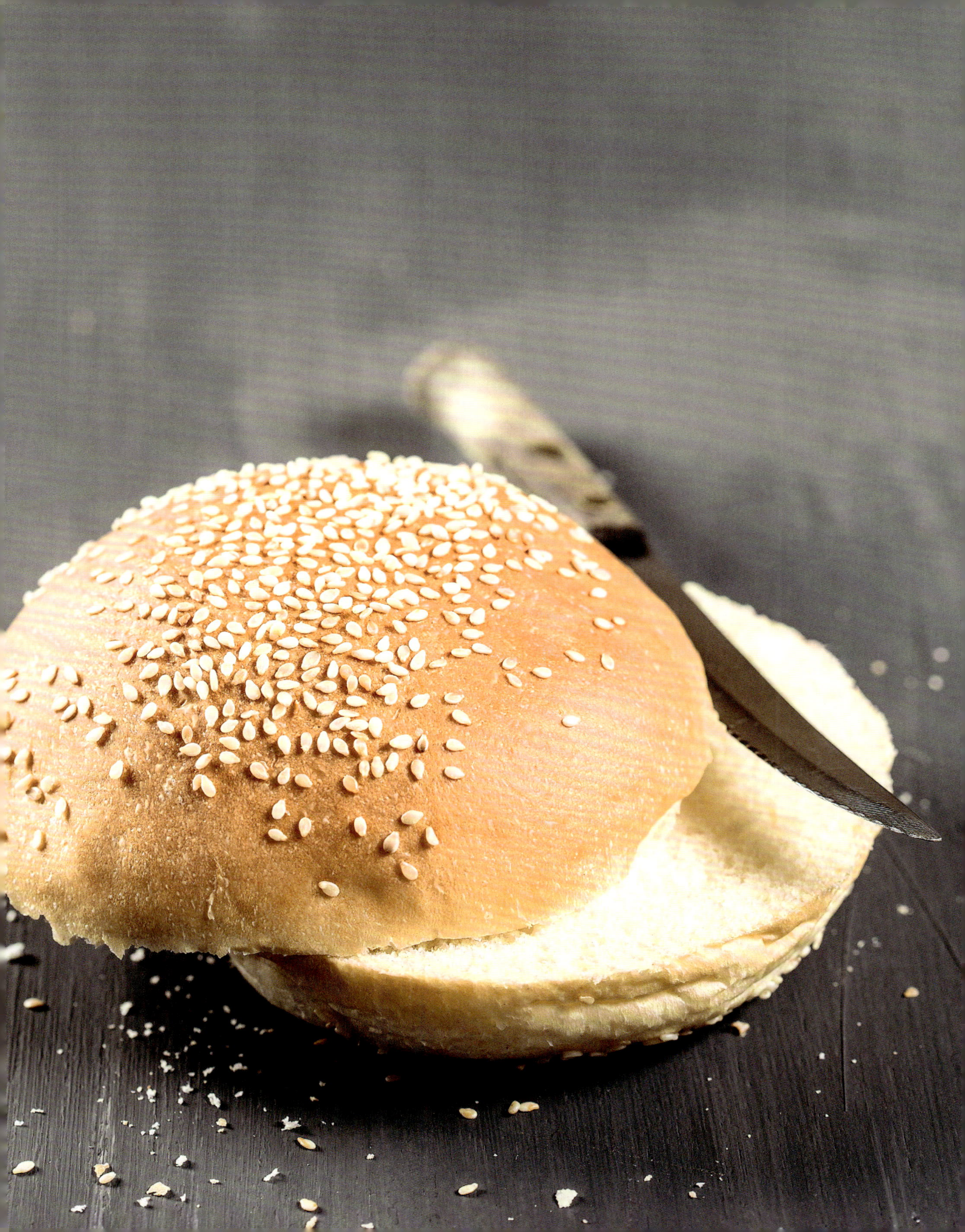

O hambúrguer, assim como outros produtos, sofreu alterações significativas desde sua criação. Atualmente, os hambúrgueres especiais dominam o mercado com diversas variações. Ao mesmo tempo, as redes de fast food também desenvolvem novidades não só nos sanduíches, mas nos acompanhamentos, para seduzir seus consumidores.

As origens, tanto do hambúrguer quanto do sanduíche de mesmo nome, estão permeadas de histórias e mitos. Contudo, é certo que o sanduíche é feito com um bolinho achatado de carne moída, frito ou grelhado, e servido em um pão branco redondo também conhecido como pão de hambúrguer. Histórias sugerem que os tártaros e os mongóis foram os responsáveis pela invenção da carne moída, já que carregavam carne em suas selas e acabavam por moê-las. O bolinho de carne moída, por sua vez, tem origem na cidade de Hamburgo, na Alemanha. Já a criação do lanche ocorreu nos Estados Unidos.

A partir do século XVII, alemães passaram a emigrar para os EUA, estabelecendo suas comunidades nas cidades da costa leste americana. Logo, suas tradições e seus costumes se disseminaram pelo país, tal qual o bife de Hamburgo – bolinho redondo e achatado, feito com carne fresca moída. Era elaborado com carnes de diversos tipos e temperos variados, como cebola, alho, sal e pimenta-do-reino.

Sua popularidade logo se consolidou, assim como seu nome: *hamburger steak*. Em 1900, já estava presente nos livros de receitas e na maior parte dos restaurantes norte-americanos, mas ainda era servido no prato e comido com talheres.

Com a industrialização dos EUA, no final do século XIX, as refeições dos operários passaram a ser feitas fora de casa. Nesse período, os carrinhos de refeição começaram a se popularizar, implicando refeições feitas em pé e sem talheres, os quais foram substituídos por pão. Assim, as salsichas wiener, frankfurter e o *hamburger steak* passaram a ser consumidos com pão. No século XX, a expressão "sanduíche de hambúrguer" (*hamburger sandwich*) já havia se tornado "hambúrguer" (*hamburger*) ou simplesmente *burger*, em inglês.

Sua popularização iniciou-se graças à facilidade em produzi-los e à praticidade de consumi-los em piqueniques e churrascos. Contudo, foram as redes de fast food que vieram a consolidar esse produto, a começar pela White Castle, seguida por McDonald's, Burger King, Jack in the Box, Wendy's, entre outras.

Durante a Segunda Guerra Mundial, a crise no sistema de produção e abastecimento de alimentos afetou todos os restaurantes, inclusive as redes de fast food. Nesse período, havia racionamento de carne bovina e açúcar, afetando a produção dos principais itens vendidos nas redes de hambúrguer: sanduíches e refrigerantes. Outros produtos passaram a ser vendidos nessa época para suprir a escassez de insumos, como sanduíches de ovo frito e batatas fritas. A partir desse período, as batatas passaram a ser o principal acompanhamento do hambúrguer.

Outros ingredientes também foram inseridos nos sanduíches desde então, como queijo de diversos tipos (originando o famoso cheeseburger, ou x-burguer, como é conhecido no Brasil), salada (tomate, cebola e folhas verdes), picles, molhos diversos, maionese, mostarda e ketchup.

O próprio pão, que inicialmente era fino, passou a ganhar uma massa substancial, com itens extras, como gergelim, queijo, ervas ou cebola frita. Para completar a refeição, as lanchonetes passaram a servir refrigerantes e milk-shakes com os sanduíches.

Na década de 1950, o Brasil recebeu sua primeira rede de hambúrgueres, o Bob's, que foi inaugurado 20 anos antes de a primeira loja do McDonald's chegar no país. A proposta do Bob's sempre foi de produzir um lanche adaptado ao gosto nacional, além de focar suas vendas no milk-shake.

Desde então, o hambúrguer foi constantemente inovado e reinventado, principalmente com o surgimento dos hambúrgueres especiais, que variam desde o gosto e o formato dos pães até o sabor dos hambúrgueres e dos seus acompanhamentos.

Cada vez mais diverso, o hambúrguer hoje pode agradar a todos os paladares, seja por sabor, seja por custo ou técnica de produção – prova de quão enraizado esse produto está na rotina alimentar mundial.

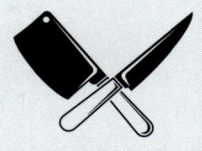

INFORMAÇÕES PARA A PRODUÇÃO DA MASSA DO HAMBÚRGUER

Ao produzir seu próprio hambúrguer, é muito importante resfriar a carne e a gordura antes de processá-las. Além de garantir a segurança alimentar do produto, a carne pode ser moída com maior facilidade em baixa temperatura, pois suas fibras estão mais rígidas.

A gordura, por sua vez, pode derreter durante a moagem se não estiver bem gelada, uma vez que o moedor de carnes costuma aquecer quando em funcionamento. É essencial que a gordura só derreta ao ser cozida, assegurando o sabor, a textura e a integridade do hambúrguer.

Quer facilitar?
Peça para seu açougueiro separar a proporção correta de carne e gordura.

Não tem moedor de carne?
Pique na ponta da faca: utilizando uma faca de cozinha, corte a carne e a gordura no menor tamanho possível até ficarem com aparência moída.

Massa de HAMBÚRGUER CLÁSSICO

Ingredientes

640 g de fraldinha moída
160 g de gordura bovina

Método de preparo

1. Corte a carne e a gordura bovina em pedaços pequenos.
2. Coloque em uma tigela, cubra com filme plástico e leve para gelar.
3. Quando estiverem bem gelados, passe os pedaços pelo moedor de carne, intercalando gordura e carne bovina.

Massa de HAMBÚRGUER DE PICANHA

Ingredientes

640 g de picanha
160 g de gordura de picanha

Método de preparo

1. Corte a carne e a gordura bovina em pedaços pequenos.
2. Coloque em uma tigela, cubra com filme plástico e leve para gelar.
3. Quando estiverem bem gelados, passe os pedaços pelo moedor de carne, intercalando gordura e carne bovina.

Passo a passo para
MOLDAR UM HAMBÚRGUER

Dois métodos podem ser utilizados para moldar um hambúrguer:

Com aro de metal

1. Com a massa do hambúrguer pronta, divida a mistura em partes iguais com o auxílio de uma balança (entre 150 e 200 gramas).
2. Sobre um filme plástico ou papel-manteiga, molde o hambúrguer com um aro de metal com o diâmetro desejado.
3. Retire o aro e leve para gelar (no mínimo 30 minutos).
4. Com cuidado, manuseie o hambúrguer.
5. Caso queira, cubra com filme plástico e congele.

Com filme plástico

1. Com a massa do hambúrguer pronta, disponha-a em um filme plástico e enrole para obter o diâmetro desejado e ter uma massa firme sem bolhas de ar.
2. Leve à geladeira para ganhar consistência (no mínimo 30 minutos).
3. Com o auxílio de uma faca, fatie o rolo em unidades iguais (entre 150 e 200 gramas).
4. Retire o filme plástico e manuseie o hambúrguer com cuidado.
5. Caso queira, congele o rolo inteiro e fatie apenas quando for utilizar.

Passo a passo para
MOLDAR UM HAMBÚRGUER RECHEADO

Ingredientes

600 g de massa de hambúrguer clássico
80 g de queijo canastra ou queijo gruyère ralado

Método de preparo

1. Uma vez com a massa do hambúrguer pronta, divida a mistura em partes iguais com o auxílio de uma balança (150 gramas cada).
2. Faça uma bola com a massa e, com o auxílio do polegar, um buraco no meio.
3. Recheie com 20 gramas do queijo ralado.
4. Feche o recheio no interior do hambúrguer.
5. Sobre um filme plástico, molde o hambúrguer com um aro de metal com o diâmetro desejado.
6. Retire o aro e, com cuidado, manuseie o hambúrguer.
7. Mantenha na geladeira por no mínimo 30 minutos antes de grelhar.

Massa de HAMBÚRGUER DE SALMÃO

Ingredientes

700 g de filé de salmão fresco
10 g de salsinha
15 g de cebolinha
15 g de mostarda de Dijon
5 g de gengibre
15 g de farinha de rosca (tipo panko)
Sal a gosto
Pimenta-do-reino moída a gosto

Método de preparo

1. Corte o salmão com a ponta da faca até ficar em pedaços pequenos.
2. Pique a salsinha, o gengibre e a cebolinha finamente.
3. Em uma tigela, misture o salmão, a mostarda de Dijon, a cebolinha, a salsinha e o gengibre.
4. Acrescente a farinha de rosca (tipo panko) até a textura desejada.
5. Tempere com sal e pimenta-do-reino.
6. Com a massa do hambúrguer pronta, divida a mistura em partes iguais com o auxílio de uma balança (150 gramas cada).
7. Sobre um filme plástico, molde o hambúrguer com um aro de metal com o diâmetro desejado.
8. Retire o aro e, com cuidado, manuseie o hambúrguer.
9. Leve para gelar para ficar mais firme, por no mínimo 30 minutos.

KETCHUP

Massa de HAMBÚRGUER DE SIRI

Ingredientes

500 g de carne de siri pura
20 g de pimentão vermelho
10 g de cebolinha
5 g de casca de limão-siciliano
10 g de molho de pimenta tailandês (sriracha)
15 ml de suco de limão-siciliano
30 ml de ketchup tradicional (VEJA A RECEITA NA P. 131)
100 g de maionese clássica (VEJA A RECEITA NA P. 133)
1 ovo
100 g de farinha de rosca (tipo panko)
Sal a gosto
Pimenta-do-reino moída a gosto

Método de preparo

1. Esprema a carne de siri até ficar bem seca e retire fragmentos de casca e cartilagem.
2. Remova a pele do pimentão com um descascador ou coloque-o no fogo até que ela se solte. Pique o pimentão em cubos pequenos.
3. Pique finamente a cebolinha.
4. Retire a casca do limão sem a parte branca. Pique finamente.
5. Misture o molho de pimenta, a cebolinha, o pimentão vermelho, a casca e o suco de limão, o ketchup, a maionese, a carne de siri e o ovo batido.
6. Acrescente a farinha de rosca aos poucos, até obter uma mistura homogênea. Caso a mistura fique muito mole, adicione mais farinha de rosca.
7. Uma vez com a massa do hambúrguer pronta, divida a mistura em partes iguais com o auxílio de uma balança (150 gramas cada).
8. Sobre um filme plástico, molde o hambúrguer com um aro de metal com o diâmetro desejado.
9. Retire o aro e, com cuidado, manuseie o hambúrguer.
10. Empane os hambúrgueres em farinha de rosca.
11. Leve para gelar por 30 minutos e só retire no momento de grelhar.

Massa de HAMBÚRGUER VEGETARIANO DE COGUMELO

Ingredientes

20 g de cogumelo portobello seco (funghi secchi)
600 g de cogumelo-de-paris
100 g de cebola (1 cebola média)
4 colheres (chá) de salsinha
2 colheres (sopa) de azeite de oliva extravirgem
2 ovos
100 g de queijo parmesão ralado
2 colheres (chá) de molho de soja
½ colher (chá) de pimenta-caiena
Sal a gosto
Pimenta-do-reino moída a gosto
200 g de farinha de rosca (tipo panko)

Método de preparo

1. Coloque o cogumelo portobello (funghi secchi) para reidratar em 100 ml de água. Deixe de molho por pelo menos 15 minutos.
2. Depois, pique os cogumelos-de-paris, o funghi secchi, a cebola e a salsinha.
3. Em uma frigideira quente, coloque o azeite de oliva e refogue os cogumelos-de-paris e o funghi secchi por 7 minutos em fogo médio.
4. Acrescente a cebola e continue o processo, até secar.
5. Retire a mistura do fogo e coloque em um processador.
6. Pulse até obter uma pasta grossa. Passe para uma tigela.
7. Junte os ovos e os temperos (o queijo parmesão, o molho de soja, a salsinha picada, a pimenta-caiena, o sal e a pimenta-do-reino).
8. As poucos, incorpore a farinha de rosca até obter uma mistura final homogênea e moldável. Caso esteja muito mole, acrescente mais farinha de rosca.
9. Uma vez com a massa pronta, divida a mistura em partes iguais com o auxílio de uma balança (entre 150 e 180 gramas).
10. Sobre um filme plástico, molde o hambúrguer com um aro de metal com o diâmetro desejado.
11. Retire o aro e, com cuidado, manuseie o hambúrguer.
12. Empane os hambúrgueres em farinha de rosca.
13. Leve para gelar por 30 minutos e mantenha na geladeira até o momento de grelhar.

Massa de HAMBÚRGUER VEGETARIANO DE FEIJÃO-FRADINHO

Ingredientes

250 g de feijão-fradinho cozido e drenado
½ unidade de pimenta dedo-de-moça
75 g de cebola roxa
50 g de nozes
50 g de cenoura
1 ½ colher (sopa) de cebolinha
1 ½ colher (sopa) de salsinha
3 colheres (sopa) de molho inglês
Sal a gosto
Pimenta-do-reino moída a gosto
50 g de farinha de rosca (tipo panko)

Método de preparo

1. Cozinhe os feijões, escorra e amasse com um garfo para obter um purê rústico, com pedaços.
2. Retire as sementes e as membranas brancas da pimenta dedo-de-moça e pique-a finamente.
3. Pique a cebola roxa, as nozes e a cenoura em cubos pequenos.
4. Corte finamente a cebolinha e a salsinha.
5. Em uma tigela, coloque o purê rústico de feijão-fradinho, a cebola roxa, a cenoura, as nozes, a cebolinha, a salsinha, o molho inglês e tempere com sal e pimenta-do-reino.
6. Faça uma mistura homogênea. Caso necessário, adicione, aos poucos, a farinha de rosca até obter a textura desejada.
7. Uma vez com a massa pronta, divida a mistura em partes iguais com o auxílio de uma balança (entre 150 e 180 gramas).
8. Sobre um filme plástico, molde o hambúrguer com um aro de metal com o diâmetro desejado.
9. Retire o aro e, com cuidado, manuseie o hambúrguer.
10. Leve para gelar por 30 minutos e mantenha na geladeira até o momento de grelhar.

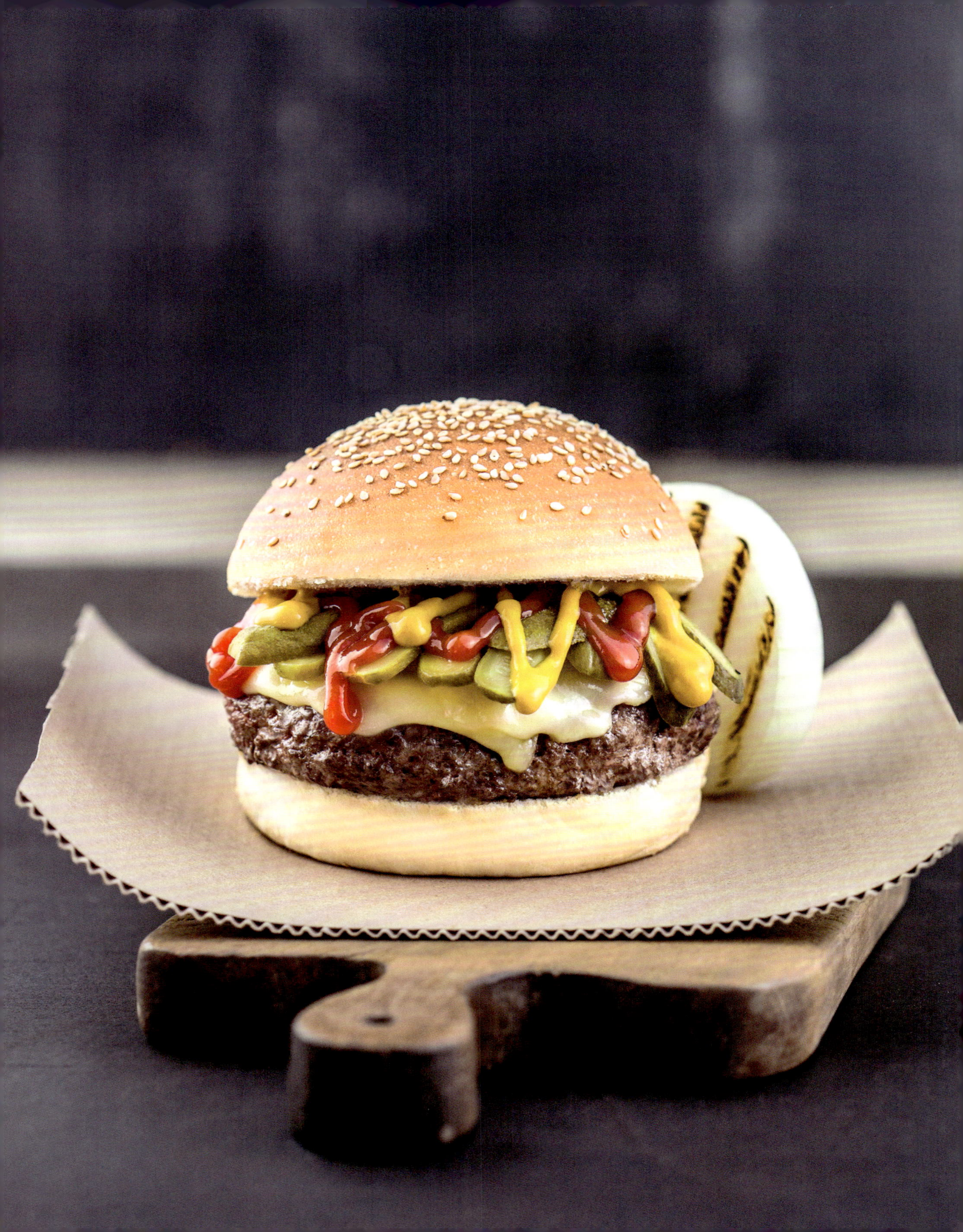

HAMBÚRGUER
+ KETCHUP
+ PICLES DE
PEPINO

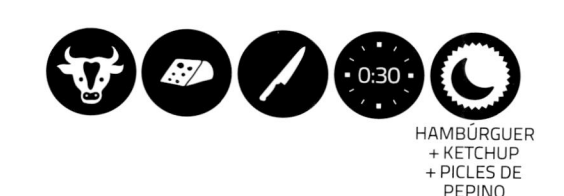

X-BURGUER

Um clássico, sem rodeios nem floreios. A proporção de 15% a 20% de gordura para a quantidade de carne permite a produção de um hambúrguer íntegro, macio, úmido e muito saboroso, aqui acompanhado pelo queijo, seu fiel escudeiro. O resultado é para hamburgueria nenhuma pôr defeito.

Ingredientes

1 cebola branca
3 picles de pepino (VEJA A RECEITA NA P. 154)
1 colher (sopa) de óleo vegetal
4 hambúrgueres de fraldinha (VEJA A RECEITA NA P. 93)
Sal a gosto
Pimenta-do-reino moída a gosto
200 g de queijo gruyère ou gouda fresco
4 pães de hambúrguer com gergelim
60 ml de ketchup tradicional (VEJA A RECEITA NA P. 131)
60 ml de mostarda

Método de preparo

1. Corte a cebola em fatias de 0,5 cm e toste rapidamente em uma chapa ou grelha.
2. Corte os picles horizontalmente em três fatias.
3. Aqueça uma chapa, uma frigideira ou uma grelha.
4. Adicione uma colher (sopa) de óleo e coloque o hambúrguer.
5. Vire com uma espátula quando as bordas estiverem douradas (2 ou 3 minutos).
6. Deixe cozinhar até o ponto (2 ou 3 minutos em fogo médio).
7. Tempere com sal e pimenta-do-reino.
8. Coloque o queijo sobre o hambúrguer no momento final do cozimento, para derretê-lo.
9. Com a ponta dos dedos, borrife um pouco de água em volta do hambúrguer e cubra-o com a tampa de uma panela.
10. Corte o pão pela metade e leve-o para tostar levemente sobre a chapa em que fez os hambúrgueres.
11. Na metade inferior, coloque o hambúrguer com o queijo, a cebola fatiada, os picles fatiados, o ketchup e a mostarda.
12. Coloque a tampa do pão sobre o lanche e sirva.

HAMBÚRGUER

CHEESEBURGER INGLÊS

Especialmente desenvolvido para conquistar da rainha da Inglaterra aos Beatles, o cheeseburger inglês traz bacon crocante, cheddar de boa qualidade e onion rings.

Ingredientes

4 fatias de bacon
4 hambúrgueres de fraldinha (VEJA A RECEITA NA P. 93)
1 colher (sopa) de óleo vegetal
Sal a gosto
Pimenta-do-reino moída a gosto
200 g de queijo cheddar fresco
4 pães pretos de hambúrguer com cebola
60 ml de mostarda de Dijon
200 g de onion rings (VEJA A RECEITA NA P. 148)

Método de preparo

1. Em uma assadeira com papel-alumínio, coloque as fatias de bacon e leve ao forno preaquecido a 200°C.
2. Asse até o bacon perder todo o óleo e ficar crocante.
3. Em uma frigideira, coloque uma colher de óleo e o hambúrguer.
4. Vire com uma espátula quando as bordas estiverem douradas (2 ou 3 minutos).
5. Deixe cozinhar até o ponto (2 ou 3 minutos em fogo médio).
6. Tempere com sal e pimenta-do-reino.
7. Coloque o queijo sobre o hambúrguer no momento final do cozimento, para derretê-lo.
8. Com a ponta dos dedos, borrife um pouco de água em volta do hambúrguer e cubra-o com a tampa de uma panela.
9. Retire do fogo.
10. Corte o pão pela metade e leve-o para tostar levemente sobre a frigideira em que fez os hambúrgueres.
11. Na metade inferior, coloque o hambúrguer com o queijo, as onion rings e o bacon.
12. Passe a mostarda de Dijon na tampa do pão, coloque sobre o lanche e sirva.

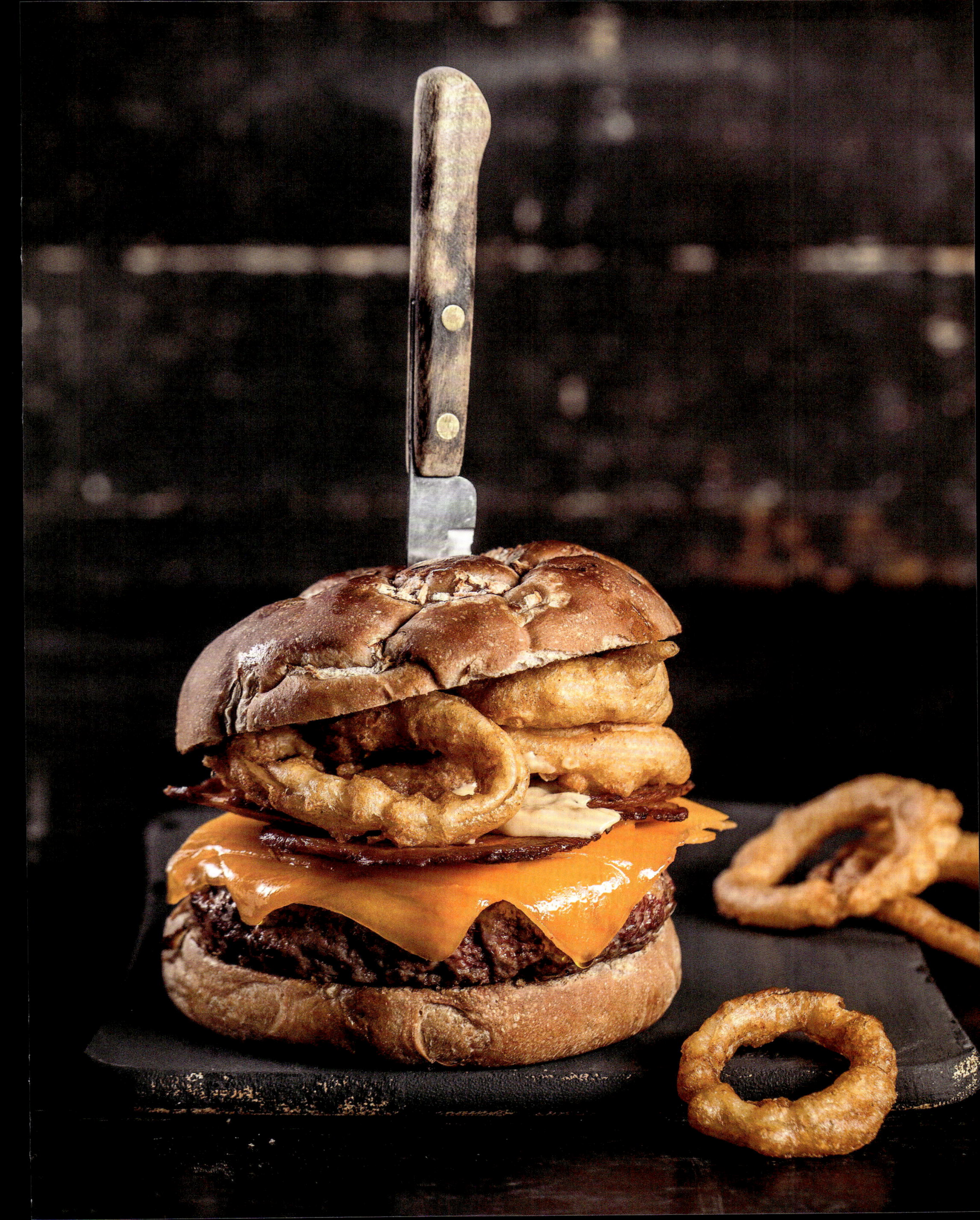

HAMBÚRGUER
+ PICLES
DE CHUCHU
+ MAIONESE

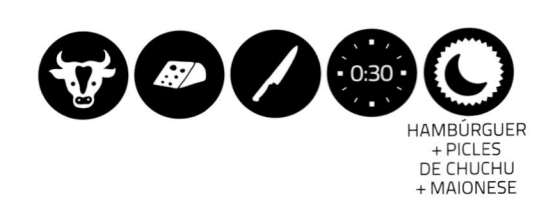

Ingredientes

1 colher (sopa) de óleo vegetal
4 hambúrgueres de fraldinha recheados (VEJA A RECEITA NA P. 95)
Sal a gosto
Pimenta-do-reino moída a gosto
4 pães de hambúrguer
3 picles de chuchu (VEJA A RECEITA NA P. 151)
100 g de maionese picante (VEJA A RECEITA NA P. 135)
100 g de alface-romana

Método de preparo

1. Aqueça uma chapa, uma frigideira ou uma grelha.
2. Adicione o óleo e coloque o hambúrguer e uma tampa de panela por cima.
3. Vire com uma espátula quando as bordas estiverem douradas (2 ou 3 minutos).
4. Deixe cozinhar até o ponto (2 ou 3 minutos em fogo médio).
5. Tempere com sal e pimenta-do-reino.
6. Corte o pão pela metade e leve-o para tostar levemente na chapa em que fez os hambúrgueres.
7. Na metade inferior, coloque o hambúrguer recheado com o queijo, seguido de picles de chuchu fatiado, maionese picante e alface-romana.
8. Coloque a tampa do pão sobre o lanche e sirva.

HAMBÚRGUER RECHEADO COM QUEIJO E PICLES DE CHUCHU

A técnica de colocar um ingrediente dentro do hambúrguer pode levar sua imaginação às nuvens. Neste caso, o queijo derretido que escorre do seu interior é muito especial.

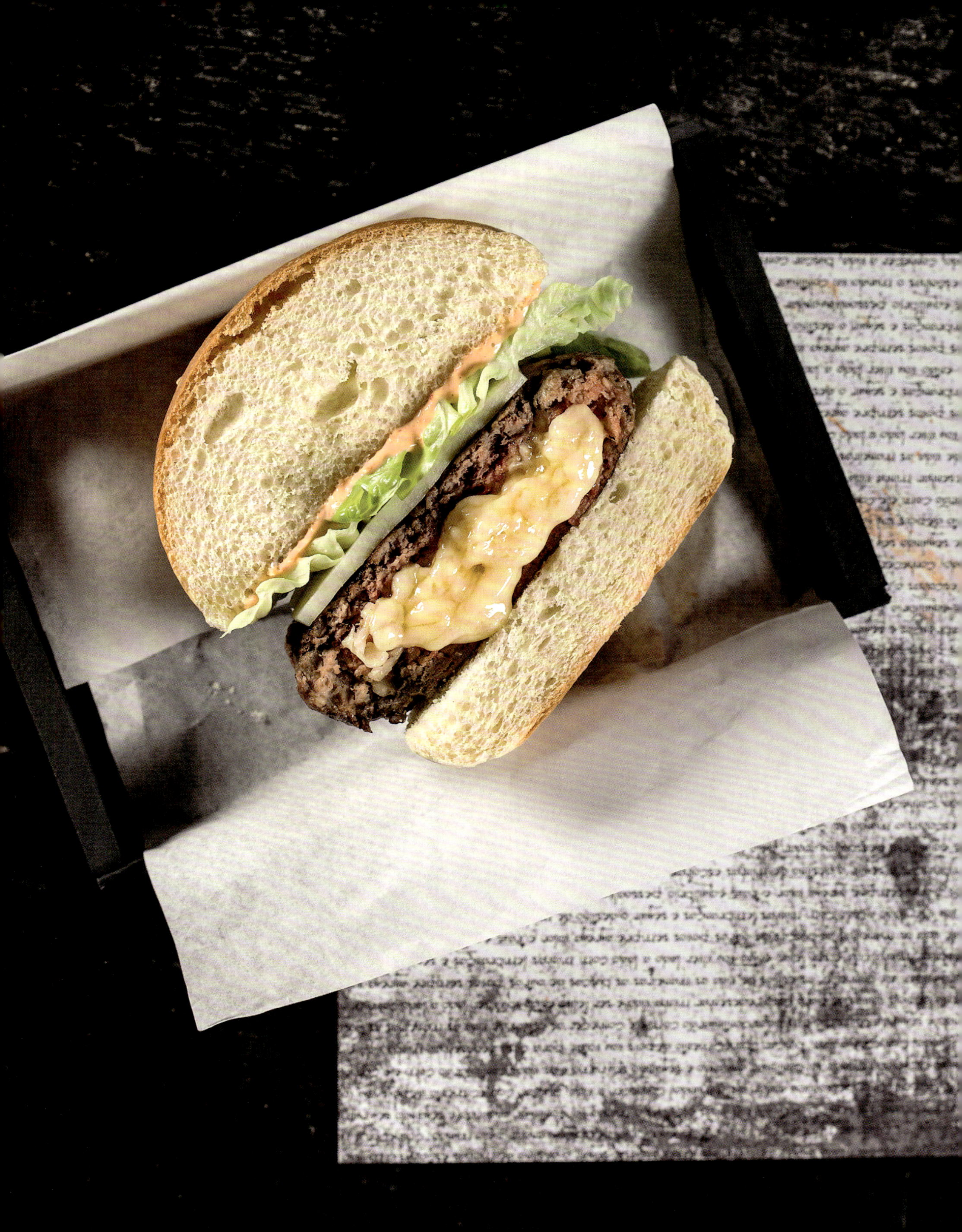

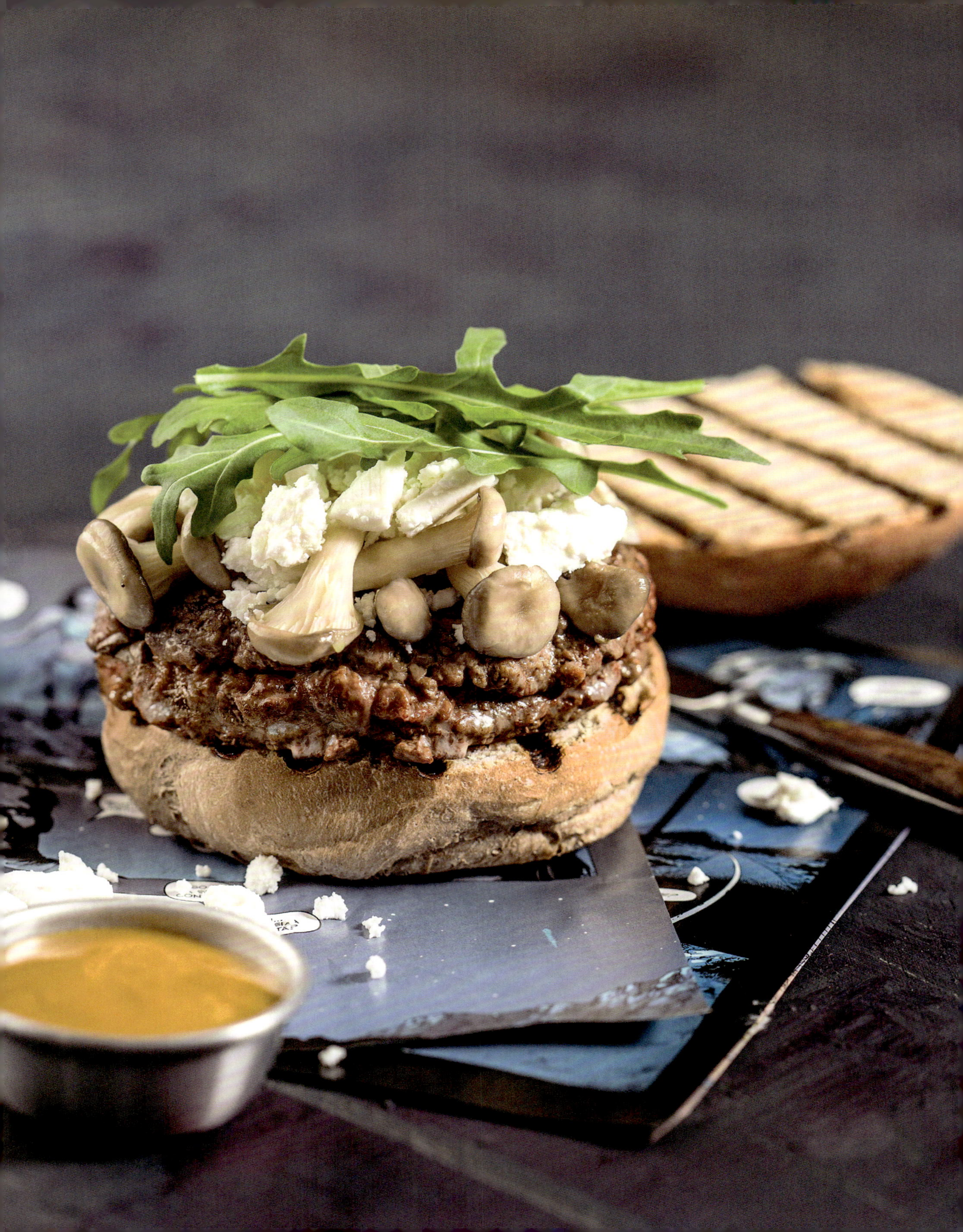

HAMBÚRGUER DE PICANHA COM QUEIJO DE CABRA

Quando a picanha, rainha dos churrascos brazucas, se transforma em um dos sanduíches mais aclamados do mundo, o resultado não poderia ser diferente: SUCESSO!

Ingredientes

100 g de shimeji
2 dentes de alho
1 colher (sopa) de azeite de oliva
Sal a gosto
Pimenta-do-reino moída a gosto
3 colheres (sopa) de cebolinha fatiada
1 colher (sopa) de óleo vegetal
4 hambúrgueres de picanha (VEJA A RECEITA NA P. 93)
4 pães pretos de hambúrguer
100 g de queijo de cabra
8 folhas de rúcula
4 colheres (sopa) de honey mustard
(VEJA A RECEITA NA P. 130)

Método de preparo

1. Com as mãos, separe os cogumelos shimeji.
2. Pique o alho em lâminas.
3. Em uma frigideira, refogue o alho e o shimeji no azeite por 5 minutos, em fogo médio.
4. Tempere com sal e pimenta-do-reino.
5. Finalize com a cebolinha e reserve.
6. Aqueça uma chapa, uma frigideira ou uma grelha.
7. Adicione uma colher (sopa) de óleo e coloque o hambúrguer.
8. Vire com uma espátula quando as bordas estiverem douradas (2 ou 3 minutos).
9. Coloque uma tampa de panela sobre o hambúrguer.
10. Deixe cozinhar até o ponto (2 ou 3 minutos em fogo médio).
11. Tempere com sal e pimenta-do-reino.
12. Retire do fogo.
13. Corte o pão pela metade e leve-o para tostar levemente sobre a chapa em que fez os hambúrgueres.
14. Na metade inferior, coloque o hambúrguer, o queijo de cabra, os cogumelos e, por último, a rúcula.
15. Passe o honey mustard na tampa do pão e sirva.

HAMBÚRGUER
+ PICLES DE
MAXIXE +
KETCHUP DE
GOIABA

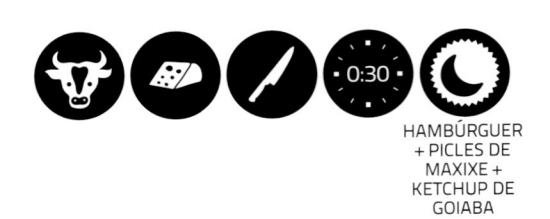

HAMBÚRGUER DE PICANHA BRASILEIRINHO

Por que não valorizar a qualidade dos ingredientes brasileiros em um clássico americano?

Ingredientes

1 colher (sopa) de óleo vegetal
4 hambúrgueres de picanha (VEJA A RECEITA NA P. 93)
Sal a gosto
Pimenta-do-reino moída a gosto
200 g de queijo meia cura (canastra)
4 ovos
4 pães de hambúrguer
100 mℓ de maionese clássica
(VEJA A RECEITA NA P. 133)
100 g de picles de maxixe (VEJA A RECEITA NA P. 152)
100 g de picles de cebola roxa
(VEJA A RECEITA NA P. 150)
100 mℓ de ketchup de goiaba (VEJA A RECEITA NA P. 132)

Método de preparo

1. Aqueça uma chapa, uma frigideira ou uma grelha.
2. Adicione uma colher (sopa) de óleo e coloque o hambúrguer.
3. Vire com uma espátula quando as bordas estiverem douradas (2 ou 3 minutos).
4. Deixe cozinhar até o ponto (2 ou 3 minutos em fogo médio).
5. Tempere com sal e pimenta-do-reino.
6. Coloque o queijo sobre o hambúrguer no momento final do cozimento, para derretê-lo.
7. Com a ponta dos dedos, borrife um pouco de água em volta do hambúrguer e cubra-o com a tampa de uma panela.
8. Retire do fogo.
9. Em outra frigideira, em fogo médio, frite os ovos, deixando a gema mole (3 ou 4 minutos).
10. Corte o pão pela metade e leve-o para tostar levemente sobre a chapa em que fez os hambúrgueres.
11. Na metade inferior, passe maionese e adicione os ingredientes na seguinte sequência: hambúrguer com o queijo, picles e ovo frito.
12. Sirva o lanche aberto com o ketchup de goiaba à parte.

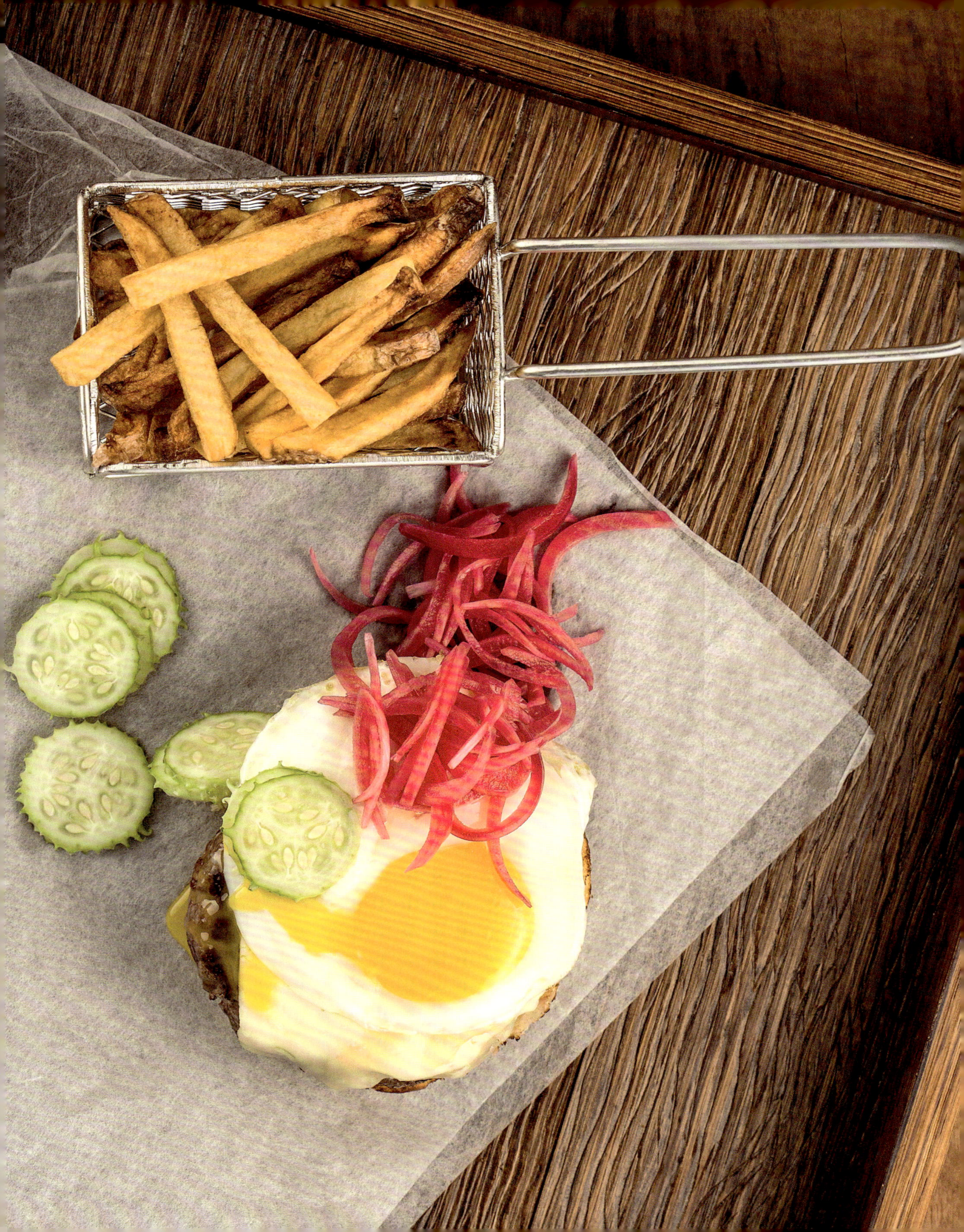

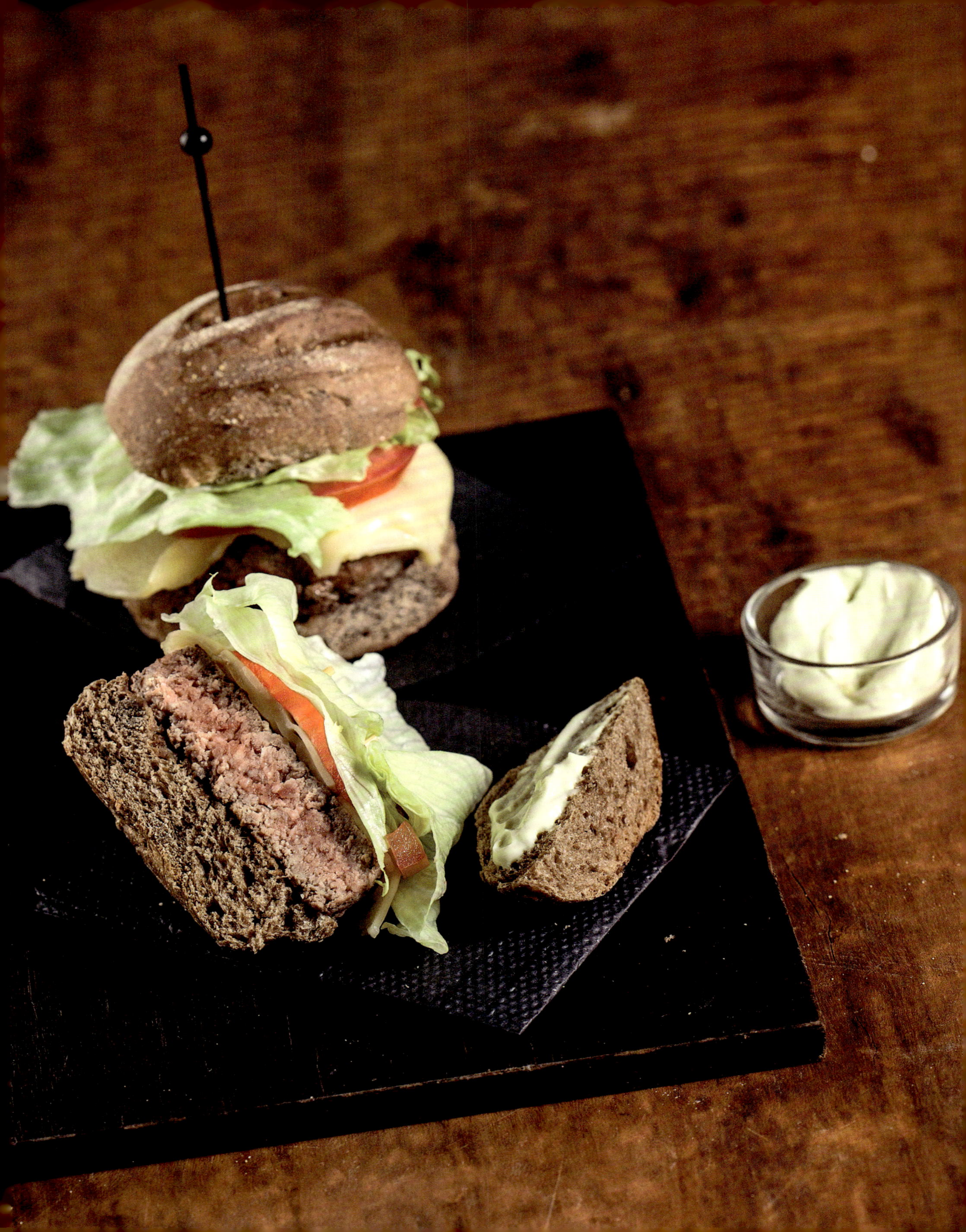

HAMBÚRGUER DE PICANHA COM MAIONESE DE WASABI

Quem imaginaria que o par perfeito da picanha seria o wasabi?

Ingredientes

120 g de alface-americana
1 tomate-caqui
1 colher (sopa) de óleo vegetal
4 hambúrgueres de picanha (VEJA A RECEITA NA P. 93)
Sal a gosto
Pimenta-do-reino moída a gosto
200 g de queijo tipo suíço
4 pães de hambúrguer australianos
100 ml de maionese de wasabi
(VEJA A RECEITA NA P. 135)

Método de preparo

1. Lave as folhas de alface.
2. Lave o tomate e corte-o em fatias de 0,5 cm.
3. Aqueça uma chapa, uma frigideira ou uma grelha.
4. Adicione uma colher (sopa) de óleo e coloque o hambúrguer.
5. Vire com uma espátula quando as bordas estiverem douradas (2 ou 3 minutos).
6. Deixe cozinhar até o ponto (2 ou 3 minutos em fogo médio).
7. Tempere com sal e pimenta-do-reino.
8. Coloque o queijo sobre o hambúrguer no momento final do cozimento, para derretê-lo.
9. Com a ponta dos dedos, borrife um pouco de água em volta do hambúrguer e cubra-o com a tampa de uma panela.
10. Retire do fogo.
11. Corte o pão pela metade e leve-o sobre a chapa em que fez os hambúrgueres para tostar levemente.
12. Na metade inferior, coloque o hambúrguer com o queijo, seguido do tomate fatiado e das folhas de alface.
13. Acrescente a maionese de wasabi.
14. Coloque a tampa do pão sobre o lanche e sirva.

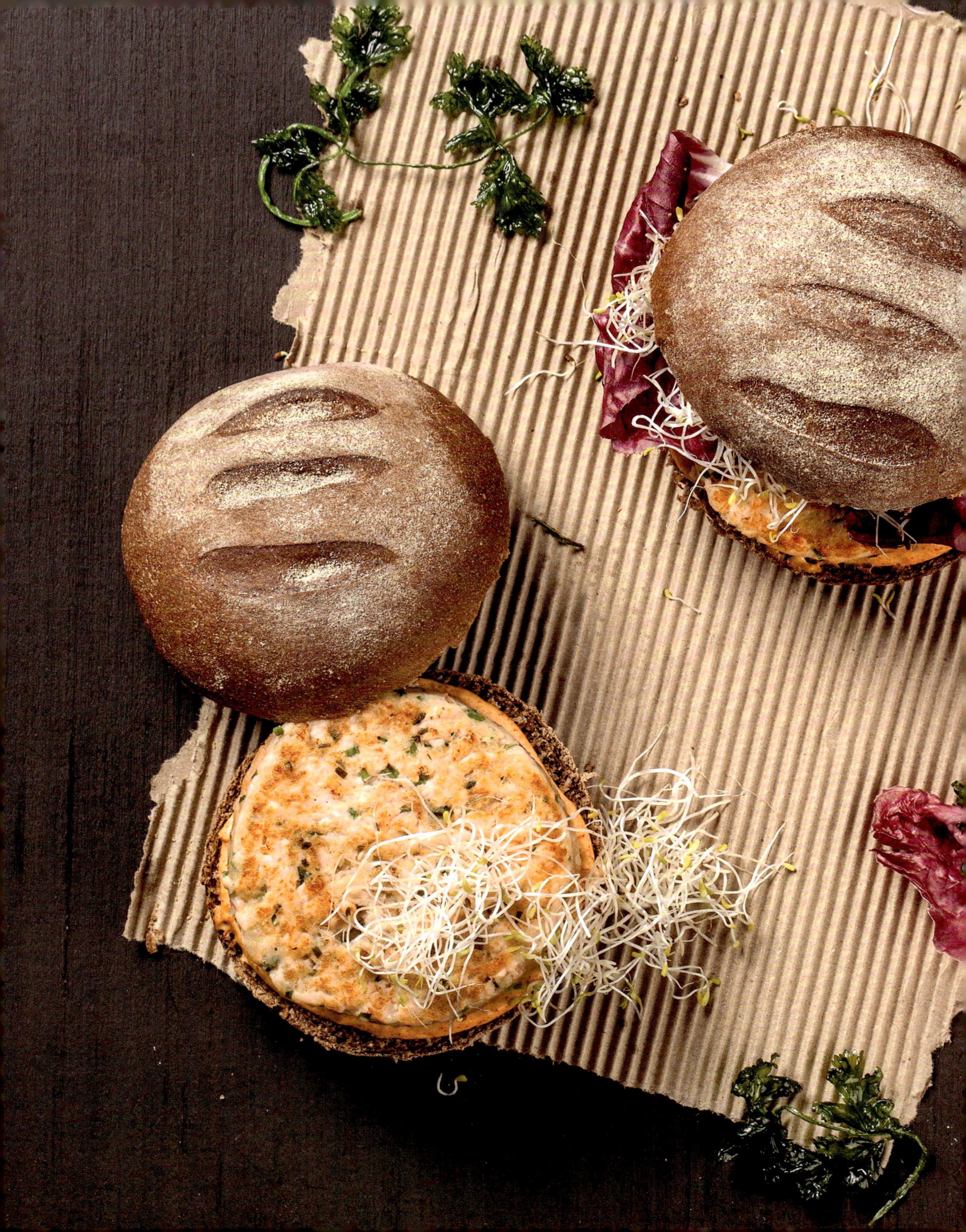

HAMBÚRGUER

HAMBÚRGUER DE SALMÃO E RADICCHIO

Ao contrário do que muitas hamburguerias fazem por aí, o sanduíche de salmão não é feito somente com um filé grelhado. Ele recebe outros ingredientes que realçam o seu sabor, como gengibre, cebolinha e mostarda de Dijon, presentes nesta receita.

Ingredientes

4 folhas de radicchio
40 g de broto de alfafa
Sal a gosto
Pimenta-do-reino moída a gosto
1 colher (sopa) de azeite de oliva
1 colher (sopa) de suco de limão-siciliano
2 colheres (sopa) de óleo vegetal
4 hambúrgueres de salmão (VEJA A RECEITA NA P. 96)
4 pães australianos de hambúrguer
4 colheres (sopa) de maionese de páprica (VEJA A RECEITA NA P. 134)

Método de preparo

1. Lave o radicchio e corte-o finamente.
2. Misture-o com o broto de alfafa e tempere com sal, pimenta, azeite e suco de limão-siciliano. Reserve.
3. Aqueça uma chapa ou uma frigideira.
4. Adicione duas colheres (sopa) de óleo e coloque o hambúrguer.
5. Vire com uma espátula quando as bordas estiverem douradas (3 minutos).
6. Deixe cozinhar até o ponto (3 minutos em fogo médio).
7. Corte o pão ao meio e toste na mesma frigideira em que grelhou o hambúrguer.
8. Na metade inferior, coloque o hambúrguer, o radicchio, a alfafa e, por fim, a maionese de páprica.
9. Coloque a tampa do pão sobre o lanche e sirva.

HAMBÚRGUER
+ PICLES
DE PEPINO

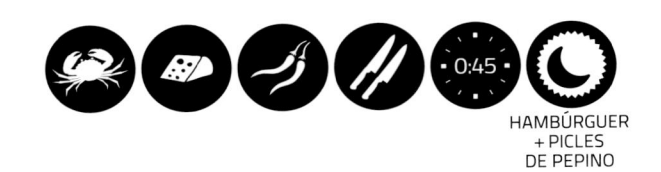

Ingredientes

5 g de alcaparras
25 g de cebola roxa
25 g de picles de pepino (VEJA A RECEITA NA P. 154)
15 g de salsinha
150 g de maionese clássica (VEJA A RECEITA NA P. 133)
2 tomates
2 colheres (sopa) de óleo de milho
4 hambúrgueres de siri (VEJA A RECEITA NA P. 97)
200 g de queijo brie
4 pães de hambúrguer integrais
40 folhas de minirrúcula

Método de preparo

1. Drene e lave as alcaparras. Reserve.
2. Para preparar o molho tártaro, pique a cebola e os picles de pepino em pequenos cubos e a salsinha bem fino.
3. Em uma tigela, misture a maionese, a salsinha, a alcaparra, a cebola e os picles de pepino picados. Reserve.
4. Corte os tomates em fatias de 0,5 cm de espessura.
5. Aqueça uma chapa ou uma frigideira.
6. Adicione duas colheres (sopa) de óleo e coloque o hambúrguer.
7. Vire com uma espátula quando as bordas estiverem douradas (4 minutos).
8. Deixe cozinhar até o ponto (4 minutos).
9. No caso de utilizar queijo, coloque-o sobre o hambúrguer no momento final do cozimento, para derretê-lo.
10. Retire do fogo.
11. Corte o pão pela metade e leve-o para tostar levemente sobre a chapa em que fez os hambúrgueres.
12. Na metade inferior, coloque o hambúrguer com o queijo, o tomate, a minirrúcula e o molho tártaro.
13. Coloque a tampa do pão sobre o lanche e sirva.

HAMBÚRGUER DE SIRI E QUEIJO BRIE

Celebrado pela fama que ganhou na série de desenho animado *Bob Esponja*, o hambúrguer de siri tem sabor bem suave e, além de ser uma versão mais light do sanduíche, é uma ótima alternativa para aqueles que não gostam de carne vermelha.

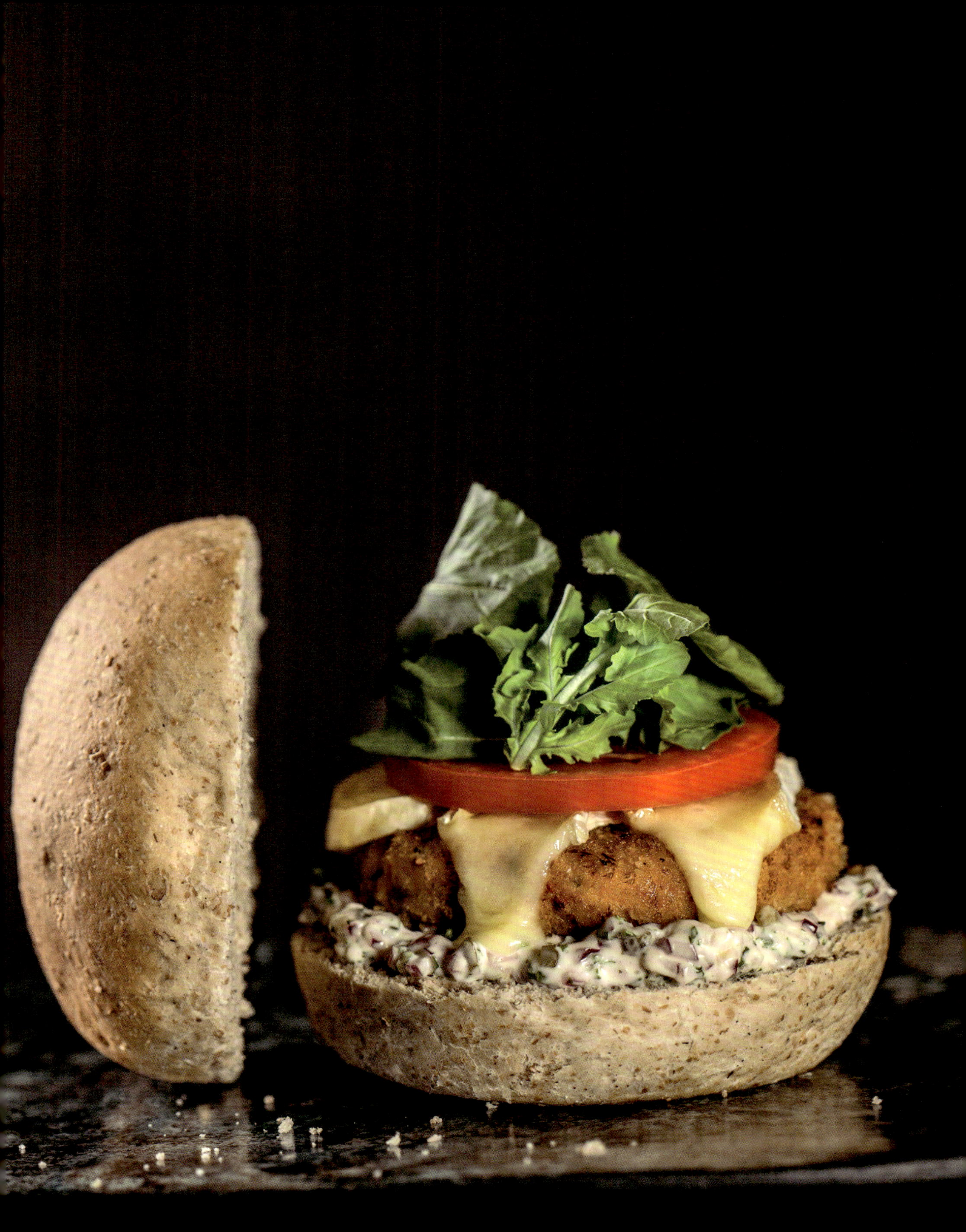

116

HAMBÚRGUER DE COGUMELOS COM TOMATE CONFIT

Esta versão vegetariana do hambúrguer imita perfeitamente um hambúrguer bovino, pois, além da cor, possui uma textura parecida e um sabor de carne assada que vem do funghi secchi.

Ingredientes

2 colheres (sopa) de óleo vegetal
4 hambúrgueres de cogumelo (VEJA A RECEITA NA P. 98)
1 abobrinha média
Sal a gosto
Pimenta-do-reino moída a gosto
250 g de queijo coalho
4 pães de hambúrguer de nozes
8 unidades de tomate confit ou tomate seco (VEJA A RECEITA NA P. 158)
30 ml de azeite de oliva extravirgem

Método de preparo

1. Aqueça uma chapa ou uma frigideira.
2. Adicione duas colheres (sopa) de óleo e coloque o hambúrguer.
3. Vire com uma espátula quando as bordas estiverem douradas (3 minutos).
4. Deixe cozinhar até o ponto (3 minutos em fogo médio).
5. Com uma mandolina, corte a abobrinha em fatias de 0,3 cm de espessura no sentido do comprimento.
6. Tempere com sal e pimenta-do-reino e grelhe em uma frigideira com o azeite por 2 a 3 minutos cada lado.
7. Em uma frigideira com óleo, grelhe o queijo coalho.
8. Corte o pão pela metade e leve-o sobre a chapa em que fez os hambúrgueres para tostar levemente.
9. Na metade inferior, coloque o hambúrguer, o queijo coalho, a abobrinha grelhada e o tomate confit.
10. Coloque a tampa do pão sobre o lanche e sirva.

HAMBÚRGUER + TOMATE CONFIT
0:45

HAMBÚRGUER

Hambúrguer de feijão-fradinho e brie

O hambúrguer de feijão-fradinho homenageia um protagonista da cozinha brasileira, o feijão. Ele é acompanhado pelo queijo brie, que traz uma leveza muito especial para a receita.

Ingredientes

2 colheres (sopa) de óleo vegetal
4 hambúrgueres de feijão-fradinho (VEJA A RECEITA NA P. 99)
Sal a gosto
Pimenta-do-reino moída a gosto
200 g de queijo brie
2 tomates
4 pães de hambúrguer de batata
20 folhas de miniagrião
50 mℓ de maionese de ervas (VEJA A RECEITA NA P. 134)

Método de preparo

1. Aqueça uma frigideira, uma chapa ou uma grelha.
2. Adicione duas colheres (sopa) de óleo e grelhe o hambúrguer, cubrindo-o com a tampa de uma panela.
3. Vire com uma espátula quando as bordas estiverem douradas (2 a 3 minutos).
4. Deixe cozinhar, coberto, até o ponto (2 a 3 minutos).
5. Tempere com sal e pimenta-do-reino.
6. Coloque o queijo brie sobre o hambúrguer no momento final do cozimento, para derretê-lo.
7. Com a ponta dos dedos, borrife um pouco de água em volta do hambúrguer e cubra-o com a tampa da panela.
8. Retire do fogo.
9. Corte o tomate em rodelas e o pão pela metade.
10. Na metade inferior, coloque o hambúrguer com o queijo, seguido do tomate, do miniagrião e da maionese de ervas.
11. Coloque a tampa do pão sobre o lanche e sirva.

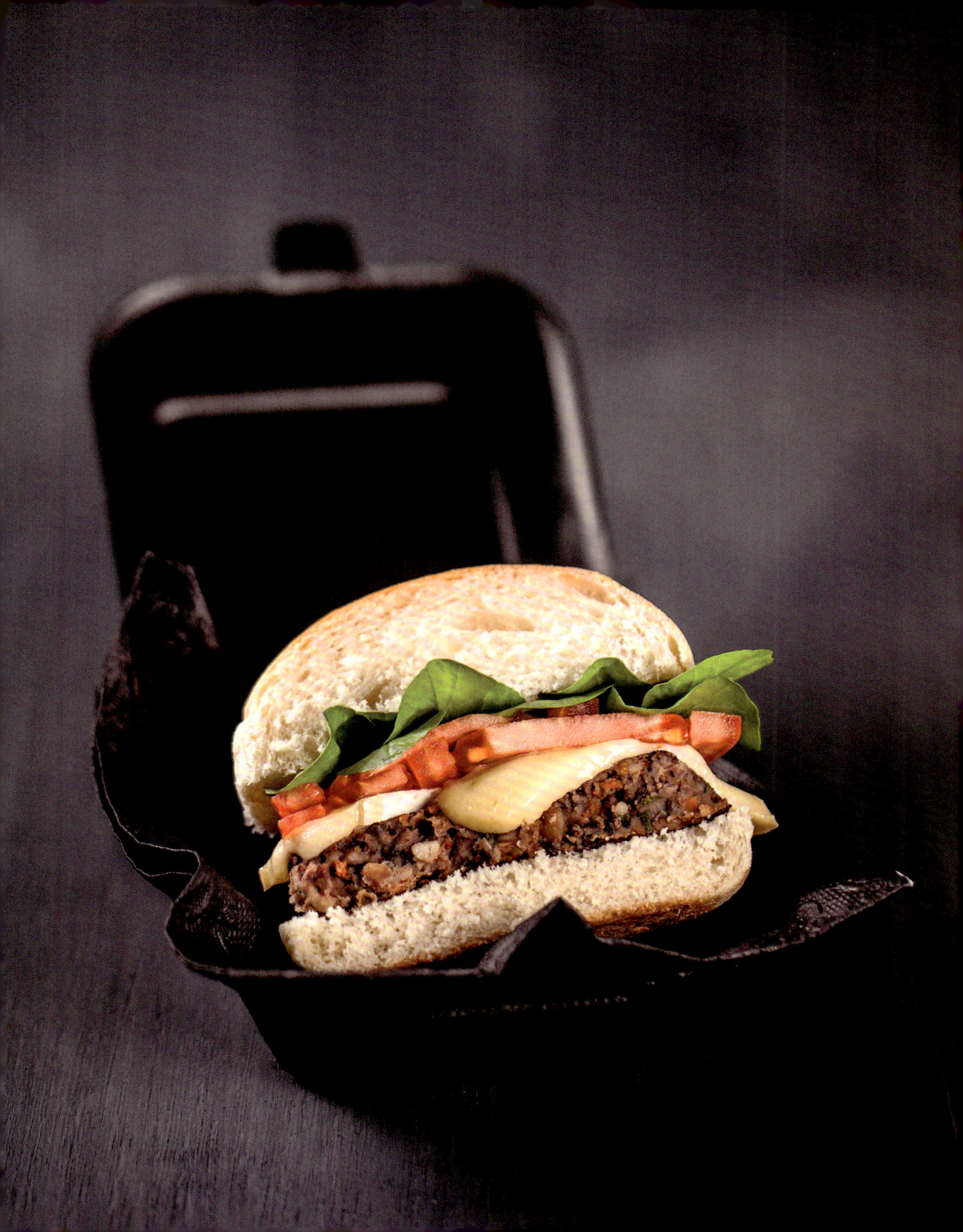

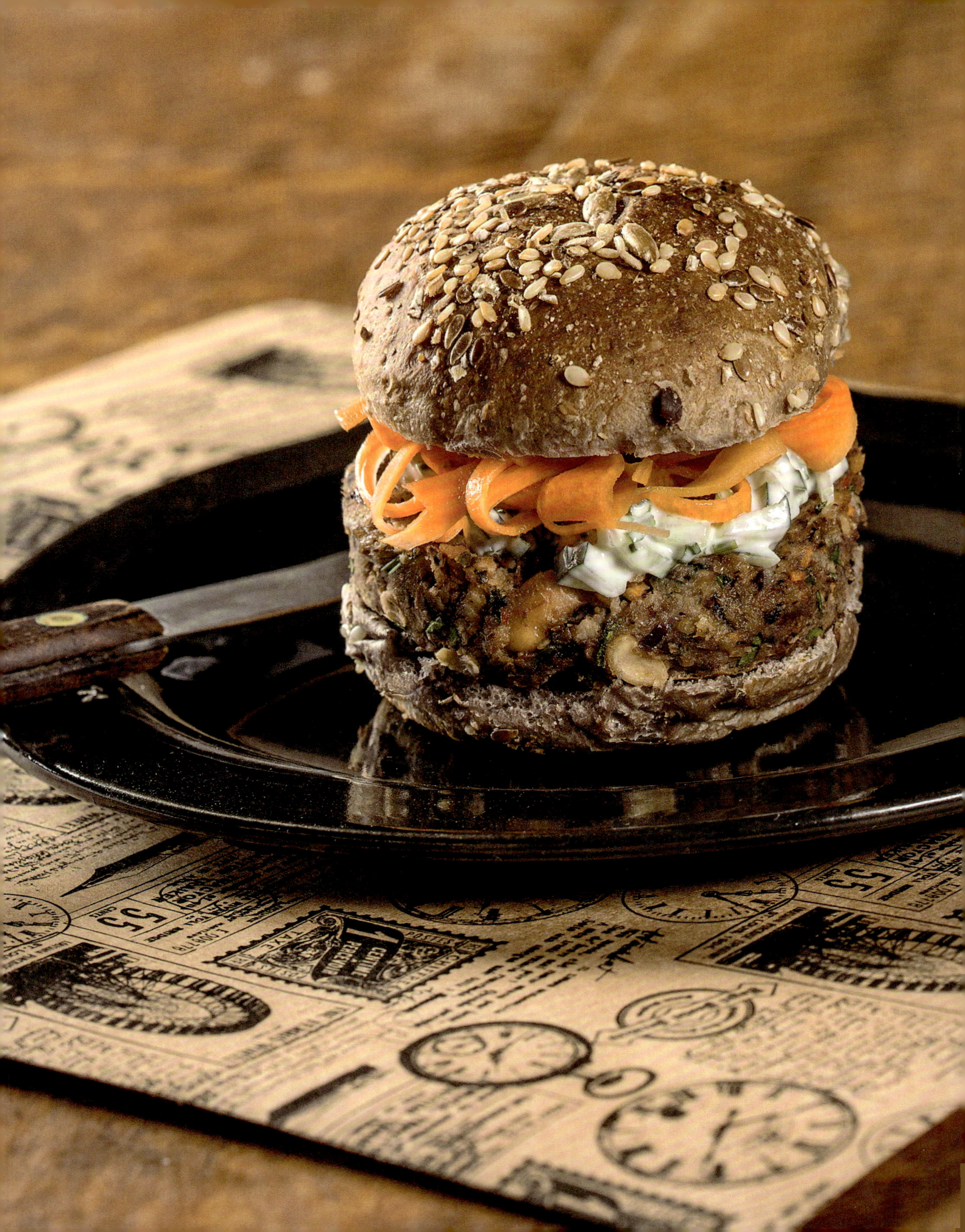

HAMBÚRGUER DE FEIJÃO-FRADINHO COM RAITA

A raita traz a acidez perfeita para consumir este hambúrguer em dias mais quentes. É um molho de origem indiana e sempre tem como base o iogurte, temperado de diversas maneiras.

Ingredientes

150 g de cenoura
1 limão-tahiti
Sal a gosto
1 colher (chá) de açúcar
Pimenta-do-reino moída a gosto
50 g de cebola
100 g de pepino japonês
10 g de cebolinha
1 pote de iogurte natural (170 g)
1 colher (café) de canela em pó
1 colher (café) de pimenta-da-jamaica
2 colheres (sopa) de óleo vegetal
4 hambúrgueres de feijão-fradinho
(VEJA A RECEITA NA P. 99)
4 pães pretos de hambúrguer

Método de preparo

1. Descasque a cenoura e, com o auxílio de uma mandolina, corte-a na transversal em fitas de 0,3 cm de espessura.
2. Tempere com limão, sal, açúcar e pimenta-do-reino. Reserve.
3. Para a raita, pique a cebola e o pepino em cubos pequenos.
4. Higienize e pique a cebolinha.
5. Em um recipiente, misture o pepino, a cebola, a cebolinha e o iogurte.
6. Tempere com sal, pimenta-do-reino, açúcar, canela em pó e pimenta-da-jamaica.
7. Leve para gelar.
8. Aqueça uma frigideira, uma chapa ou uma grelha.
9. Adicione duas colheres (sopa) de óleo e coloque o hambúrguer. Mantenha em fogo médio.
10. Vire com uma espátula quando as bordas estiverem douradas (2 ou 3 minutos).
11. Deixe cozinhar até o ponto (2 ou 3 minutos em fogo médio).
12. Tempere com sal e pimenta-do-reino.
13. Retire do fogo.
14. Corte o pão pela metade e coloque-o sobre a chapa em que fez os hambúrgueres para tostar levemente.
15. Na metade inferior, disponha o hambúrguer, a raita e a cenoura.
16. Coloque a tampa do pão sobre o lanche e sirva.

MOLHOS E ACOMPANHAMENTOS

O que seria do hambúrguer sem o ketchup? O que seria do hot dog sem a mostarda? E sem a batata frita, comeríamos sanduíches com cenoura ou nabo? Pois é, os molhos e os acompanhamentos são tão importantes quanto os lanches e merecem um cuidado especial.

Para momentos de fome intensa, a compra de molhos e acompanhamentos prontos pode ser a solução. Atualmente, no mercado, a variedade desses produtos é grande e a qualidade é boa. Contudo, ao produzi-los, podemos ter controle dos produtos que ingerimos, além de elevar a experiência gastronômica com itens exclusivos e especiais.

Este capítulo reúne molhos e acompanhamentos para qualquer tipo de sanduíche. Já fizemos algumas sugestões de utilização em nossos lanches, mas não deixe de usar a criatividade ao combiná-los.

MOLHOS

Pesto tupiniquim

Ketchup de goiaba

Molho barbecue

Molho de pimenta

Geleia de pimenta

Molho chimichurri

Maionese de páprica

Creme azedo

2 SEMANAS

BARBECUE

O molho barbecue foi criado nos Estados Unidos e acredita-se que seja uma variante do ketchup. Tem como objetivo acompanhar carnes de churrasco, por isso apresenta um toque defumado, característica que adquire pelo contato com as carnes assadas na brasa. Curiosamente, o molho para churrasco brasileiro (ou *barbecue sauce*) é o vinagrete de tomate, bem diferente do americano, mas que também é feito com tomate.

Ingredientes

2 dentes de alho
½ cebola
2 colheres (sopa) de azeite de oliva
240 mℓ de ketchup tradicional (1 xícara) (VEJA A RECEITA NA P. 131)
120 mℓ de vinagre de vinho branco (½ xícara)
60 mℓ de molho inglês (¼ xícara)
2 colheres (chá) de páprica doce
2 colheres (chá) de mostarda em pó
1 colher (sopa) de suco de limão-siciliano
1 colher (chá) de páprica picante
1 colher (chá) de pimenta-do-reino
60 mℓ de uísque (¼ xícara)
3 colheres (sopa) de açúcar mascavo

Método de preparo

1. Pique finamente o alho e a cebola.
2. Em uma panela, adicione o azeite de oliva e refogue o alho e a cebola em fogo médio, por 3 minutos.
3. Acrescente o restante dos ingredientes.
4. Cozinhe em fogo médio por 10 minutos.
5. Em um liquidificador, bata a mistura até ficar homogênea.
6. Retorne ao fogo até ficar com a textura desejada.
7. Coloque em um recipiente e guarde por um dia na geladeira para apurar o sabor.
8. O molho pode ser usado em até duas semanas caso seja bem armazenado em geladeira.

CHIMICHURRI

Diversas versões tentam explicar a origem e o nome deste molho para acompanhar carnes. De procedência argentina, inicialmente era elaborado com ervas secas e salmoura, e aos poucos o azeite de oliva foi incorporado à receita. A teoria mais difundida, mas não comprovada, diz que o nome viria da palavra basca *tximitxurri*, que significaria mescla, por causa da mistura de ervas. A potência aromática deste molho complementa muito bem o defumado das carnes assadas pelos gaúchos patagônicos, normalmente temperadas apenas com sal.

Ingredientes

200 mℓ de água
2 colheres (chá) de sal grosso
1 cabeça de alho
15 colheres (sopa) de salsinha
2 colheres (sopa) de alecrim fresco
8 colheres (sopa) de orégano fresco
4 colheres (sopa) de tomilho fresco
Pimenta-do-reino moída a gosto
2 colheres (chá) de pimenta-calabresa
10 colheres (sopa) de azeite de oliva
4 colheres (chá) de açúcar mascavo
2 colheres (sopa) de vinagre de vinho branco

Método de preparo

1. Em uma panela, esquente a água e o sal grosso, até que este se dissolva.
2. Desligue o fogo e deixe esfriar.
3. Descasque o alho e pique finamente.
4. Lave e pique bem a salsinha e o alecrim.
5. Retire as folhas do orégano e do tomilho.
6. Em uma tigela, coloque o alho, os temperos frescos, a pimenta-do-reino recém-moída e a pimenta-calabresa. Mexa.
7. Adicione o azeite, o açúcar e o vinagre. Mexa novamente.
8. Acrescente a água com sal e misture.
9. Deixe curar por pelo menos 1 dia.

CREME AZEDO

O sour cream ou creme azedo é produzido a partir da fermentação do leite por bactérias que produzem ácido lático, o qual confere sabor ácido a este creme denso que lembra a nata. Porém, os restaurantes passaram a produzir ou imitar o creme azedo com a adição de suco de limão e sal no creme de leite batido, obtendo um resultado muito mais leve para este preparo.

Ingredientes

300 ml de creme de leite fresco
1 ½ colher (chá) de sal
1 limão-tahiti
½ colher (chá) de açúcar

Método de preparo

1. Bata o creme de leite gelado com o sal em uma batedeira até atingir o ponto de chantili.
2. Esprema o limão e misture o suco com o açúcar.
3. Adicione o suco de limão com açúcar ao creme de leite batido e mexa.

4 SEMANAS

GELEIA DE PIMENTA

As pimentas têm na picância o seu lado mais conhecido, mas seu sabor não deve ser esquecido. Ao fazer geleias com as pimentas, temos a possibilidade não só de preservar e potencializar seu sabor, mas também de reduzir sua ardência.

Ingredientes

290 mℓ de água
290 mℓ de vinagre
250 g de açúcar
2 pimentas dedo-de-moça

Método de preparo

1. Junte a água, o vinagre e o açúcar em uma panela e leve ao fogo médio.
2. Reduza a mistura até o ponto de fio brando (cerca de 40 minutos).*
3. Adicione as pimentas dedo-de-moça sem semente e picadas em cubos de 0,2 cm.
4. Cozinhe por 3 minutos e desligue.
5. Leve para gelar.

* Para testar se a calda está próxima do ponto de fio, coloque um pouco de calda em um prato e deixe esfriar. Com as pontas dos dedos, teste se a calda forma um fio brando. Se não for o caso, mantenha a calda no fogo por um pouco mais de tempo.

HONEY MUSTARD

A utilização da mostarda remonta aos romanos antes de Cristo, que inicialmente fizeram uma pasta a partir das sementes dessa planta. Seu nome advém da palavra latina *mustum ardens*, que significa mosto ardente, alusão ao molho feito de mosto de uva e mostarda, que era picante no paladar. Já o molho honey mustard foi criado nos Estados Unidos e acredita-se que seja uma influência da cozinha asiática.

Ingredientes

1 colher (sopa) de creme de leite fresco
2 colheres (sopa) de mostarda de Dijon
1 colher (sopa) de mel
Sal a gosto
Pimenta-do-reino moída a gosto

Método de preparo

1. Misture o creme de leite fresco, a mostarda e o mel.
2. Tempere com sal e pimenta-do-reino, e reserve.

2 SEMANAS

Ingredientes

1 cebola roxa
2 dentes de alho
½ talo de salsão
1 pimenta dedo-de-moça, sem semente
1 colher (sopa) de gengibre
100 mℓ de azeite de oliva
1 colher (chá) de semente de coentro
1 cravo-da-índia
1 folha de louro
450 g de tomate pelado
1 xícara (chá) de vinagre de maçã
1 colher (chá) de sal
90 g de açúcar mascavo
Pimenta-do-reino moída a gosto
2 colheres (chá) de molho inglês

Método de preparo

1. Pique grosseiramente a cebola, o alho, o salsão, a pimenta dedo-de-moça sem semente e o gengibre.
2. Em uma caçarola, com o fogo médio, refogue a cebola com o azeite de oliva até que ela fique transparente.
3. Acrescente o alho, o gengibre, a pimenta dedo-de-moça, a semente de coentro, o cravo-da-índia, o louro e o salsão, e refogue por cerca de 5 minutos.
4. Adicione o tomate pelado, abaixe o fogo e deixe cozinhar até que o molho reduza pela metade.
5. Em um liquidificador, junte o molho de tomate, o vinagre de maçã, o sal, o açúcar, o molho inglês e a pimenta-do-reino.
6. Bata durante 5 minutos até que fique homogêneo.
7. Retorne à caçarola, em fogo médio, e reduza até obter a consistência desejada, por aproximadamente 30 minutos.

KETCHUP TRADICIONAL

O ketchup, ou catchup, deriva de um molho chinês (*ke-tsiap*) cujo nome tem a pronúncia igual à palavra tão vastamente conhecida hoje em dia. Era feito de uma conserva de peixe e especiarias. No Reino Unido, o molho era composto preferencialmente de cogumelos, mas também de nozes e ostras. A produção do ketchup com tomate é recente e remonta ao século XIX. O denominador comum entre tomate, peixe, ostras, nozes e cogumelo, variações de ingredientes usados em um mesmo molho, é o umami. Considerado o quinto gosto, o termo umami foi criado na Ásia e corresponde à sensação aveludada promovida no paladar por tomates maduros, cogumelos, nozes e produtos fermentados ou envelhecidos como peixes, queijos e carnes.

KETCHUP DE GOIABA

Apesar de termos gravado na memória gustativa que o ketchup é uma preparação feita com tomate, a versão com goiaba surgiu na tentativa de valorizar os ingredientes nacionais usando técnicas da gastronomia mundial. Muitas possibilidades de frutas permitem este preparo, mas a goiaba foi a mais apreciada pelos consumidores. Utilizando esta base, podem-se fazer molhos derivados, como barbecue ou golf.

Ingredientes

½ cebola pequena
2 dentes de alho
2 colheres (sopa) de óleo
300 g de tomate pelado
250 g de goiabada cascão
100 ml de vinagre de maçã
1 colher (chá) de sal
1 colher (chá) de açúcar
2 colheres (chá) de molho inglês
1 folha de louro
Pimenta-do-reino moída a gosto

Método de preparo

1. Pique grosseiramente a cebola e o alho.
2. Em uma caçarola, em fogo médio, coloque o óleo e refogue a cebola até que fique transparente.
3. Acrescente o louro, o alho e refogue por cerca de 5 minutos.
4. Adicione o tomate pelado, abaixe o fogo e deixe cozinhar até que o molho reduza pela metade, por aproximadamente 15 minutos.
5. Em outra panela, em fogo bem baixo, derreta a goiabada, mexendo sempre para não queimar. Caso necessário, acrescente um pouco de água para auxiliar a derreter.
6. Em um liquidificador, junte a goiabada, o molho de tomate, o vinagre de maçã, o sal, a pimenta-do-reino, o açúcar e o molho inglês.
7. Bata durante 5 minutos até que fique homogêneo.
8. Volte ao fogo e cozinhe, sempre mexendo, até chegar à consistência de ketchup.

Variações

- Adicione 20 g de mostarda, 10 g de cebola em pó, 30 ml de molho de soja e páprica picante a gosto para obter um molho barbecue de goiaba. Pode-se também tostar o tomate do preparo do ketchup, para elevar o teor de defumado no molho.

MAIONESE CLÁSSICA

Muitas teorias e lendas cercam a origem da maionese. Certamente é um molho descendente do holandês, porém feito a frio. Já sobre o nome maionese (ou *mahonnaise*), a teoria mais coerente se refere a uma comemoração da conquista francesa da cidade de Mahón, na atual ilha de Minorca, na Espanha, durante a Guerra dos Sete Anos em meados do século XVIII.

Ingredientes

2 ovos
2 colheres (chá) de vinagre
Pimenta-do-reino moída a gosto
Sal a gosto
1 ¼ xícara (chá) de óleo ou azeite de oliva

Método de preparo

1. Coloque os ovos em um liquidificador, tempere com vinagre, pimenta-do-reino e sal.
2. Acrescente o óleo ou o azeite de oliva aos poucos, enquanto bate no liquidificador, até chegar no ponto de maionese.
3. Guarde em geladeira até usar.

MAIONESE DE AZEITONAS

Ingredientes

300 g de maionese clássica (VEJA A RECEITA ACIMA)
25 g de azeitona preta sem caroço
1 dente de alho picado
1 colher (sopa) de cebolinha fatiada
1 colher (sopa) de salsinha picada
1 colher (chá) de molho inglês

Método de preparo

1. Coloque no liquidificador a maionese clássica, a azeitona preta, o alho, a cebolinha, a salsinha e o molho inglês.
2. Bata até homogeneizar. Reserve.
3. Guarde em geladeira até usar.

MAIONESE DE ERVAS

Ingredientes

300 g de maionese clássica (VEJA A RECEITA NA P. 133)
5 g de mostarda de Dijon
1 dente de alho picado
1 colher (sopa) de cebolinha fatiada
1 colher (sopa) de salsinha picada

Método de preparo

1. Coloque no liquidificador a maionese clássica, a mostarda de Dijon, o alho, a cebolinha e a salsinha.
2. Bata até homogeneizar. Reserve.
3. Guarde em geladeira até usar.

MAIONESE DE PÁPRICA

Ingredientes

200 g de maionese clássica (VEJA A RECEITA NA P. 133)
1 ½ colher (chá) de páprica picante
1 colher (chá) de páprica doce
½ colher (chá) de açúcar

Método de preparo

1. Coloque no liquidificador a maionese clássica, as pápricas picante e doce e o açúcar.
2. Bata até homogeneizar. Reserve.
3. Guarde em geladeira até usar.

PIMENTAS ASSADAS

MAIONESE PICANTE

Ingredientes

5 pimentas dedo-de-moça sem sementes
30 mℓ de azeite de oliva
1 dente de alho amassado
25 g de cebola picada
1 colher (chá) de açúcar
Sal a gosto
Pimenta-do-reino moída a gosto
300 g de maionese clássica (VEJA A RECEITA NA P. 133)

Método de preparo

1. Disponha as pimentas dedo-de-moça sem sementes em uma assadeira com o azeite, o alho e a cebola. Tempere com o açúcar, o sal e a pimenta-do-reino. Leve ao forno a 160 °C até assar, por aproximadamente 45 minutos.
2. Triture os ingredientes em um liquidificador.
3. Adicione a maionese clássica ao liquidificador e bata até homogeneizar. Reserve.
4. Guarde em geladeira até usar.

MAIONESE DE WASABI

Ingredientes

1 colher (café) de wasabi em pó
25 mℓ de água
200 g de maionese clássica (VEJA A RECEITA NA P. 133)

Método de preparo

1. Dissolva o wasabi em pó na água.
2. Coloque no liquidificador a maionese clássica e a pasta de wasabi.
3. Bata até homogeneizar. Reserve.
4. Guarde em geladeira até usar.

MOLHO DE PIMENTA

Com a proposta de aprimorar o sabor e a picância das pimentas, quase todas as lanchonetes renomadas têm seu molho particular. Podem ser conservas em vinagre ou cachaça, preparações simples ou complexas, com pimentas batidas, fatiadas ou inteiras. Este molho apresenta apenas uma das infinitas visões para a tradicional "pimentinha da casa".

Ingredientes

6 pimentas-vermelhas ou dedo-de-moça
2 dentes de alho
100 g de cebola
40 mℓ de azeite de oliva extravirgem
40 mℓ de vinagre de maçã
25 g de açúcar
Sal a gosto
Pimenta-do-reino moída a gosto
1 ramo de tomilho

Método de preparo

1. A melhor maneira de fazer este molho é em uma grelha de churrasqueira, assando os ingredientes e agregando um sabor defumado. Contudo, pode ser feito em um forno sem problemas.
2. Em uma grelha com brasa baixa, asse as pimentas, o alho e a cebola até murcharem.
3. Caso utilize um forno, disponha as pimentas, o alho e a cebola em uma assadeira com o azeite. Leve ao forno a 180 °C por cerca de 20 minutos, até murcharem.
4. Retire da grelha ou do forno e remova as cascas da cebola e do alho, além das sementes e das peles da pimenta. Reserve.
5. Coloque os vegetais assados e os temperos no liquidificador.
6. Bata até obter uma pasta lisa e peneire se necessário.
7. Corrija o tempero e reserve.
8. Caso o molho fique muito oleoso, acrescente água ou vinagre de maçã. Se ficar muito aguado, adicione mais azeite para facilitar a homogeneização.

PESTO TUPINIQUIM

Este molho clássico italiano tem origem na cidade de Gênova. Feito com uma emulsão de azeite, manjericão, pinolis, alho e queijo parmesão ralado, é ótimo para acompanhar sanduíches, massas e carnes. Variações deste molho são comuns na Itália e ao redor do mundo, adaptando-se de acordo com a disponibilidade de produtos do local. Nesta versão brasileira, os pinolis são substituídos por castanha-do-Brasil, por ser uma opção mais econômica, mas muito saborosa.

Ingredientes

1 maço de manjericão
25 g de castanha-do-Brasil
10 g de queijo parmesão
2 dentes de alho
150 ml de azeite de oliva
1 colher (chá) de açúcar
Sal a gosto
Pimenta-do-reino moída a gosto

Método de preparo

1. Lave o manjericão e separe as folhas dos talos.
2. Em uma tábua, pique grosseiramente a castanha-do-Brasil.
3. Rale o queijo parmesão.
4. Descasque o alho.
5. Em um liquidificador, coloque o alho, os talos do manjericão e o azeite. Bata até obter uma pasta uniforme.
6. Adicione o queijo parmesão ralado, as folhas do manjericão, as castanhas-do-Brasil e o açúcar. Bata pouco utilizando a função pulsar. O objetivo é que a pasta ganhe uma textura rústica com as folhas e as castanhas trituradas.
7. Tempere com o açúcar, o sal e a pimenta-do-reino.

Variações

- Podem ser utilizados diversos tipos de castanhas para produzir o pesto, mas prefira as de sabor mais adocicado como nozes, macadâmias e pinolis.
- Também podem ser utilizados vários tipos de ervas frescas, como a salsinha ou o coentro.

VINAGRETE CLÁSSICO

Na tradição brasileira, o vinagrete é o famoso molho para acompanhar churrasco. Porém, sua versatilidade permite que seja utilizado em outras combinações. Tem sua origem no molho à campanha francês e já ganhou diversas adaptações. Trocar o tomate por pimentões, acrescentar pimentas mais ou menos ardidas, variar no vinagre e modificar as ervas frescas são estratégias que dão versatilidade a este molho e permitem harmonizá-lo com várias preparações.

Ingredientes

1 cebola
4 tomates
3 colheres (sopa) de salsinha
2 colheres (sopa) de cebolinha
75 ml de azeite de oliva
75 ml de vinagre
2 colheres (chá) de açúcar
1 colher (chá) de sal
1 colher (café) de pimenta-do-reino moída

Método de preparo

1. Descasque e lave a cebola. Corte em cubos de 0,5 cm.
2. Lave os tomates e remova o umbigo e as sementes. Corte em cubos de 0,5 cm.
3. Lave e pique finamente a salsinha e a cebolinha.
4. Adicione o azeite, o vinagre, o açúcar, o sal e a pimenta-do-reino.
5. Misture e sirva.

VINAGRETE DE LIMÃO-CRAVO E TOMATE-CEREJA

Ingredientes

½ cebola
200 g de tomates-cereja
3 colheres (sopa) de salsinha
2 colheres (sopa) de cebolinha
50 mℓ de azeite de oliva
75 mℓ de suco de limão-cravo/ limão caipira
1 colher (chá) de sal
1 colher (chá) de pimenta-do-reino moída

Método de preparo

1. Descasque e lave a cebola. Corte em cubos de 0,5 cm.
2. Lave os tomates-cereja. Corte em rodelas.
3. Lave e pique finamente a salsinha e a cebolinha.
4. Tempere com o azeite, o limão, o sal e a pimenta-do--reino.
5. Misture e sirva.

VINAGRETE DE PIMENTA-BIQUINHO

Ingredientes

¼ cebola
150 g de pimenta-biquinho em conserva
3 colheres (sopa) de salsinha
2 colheres (sopa) de cebolinha
75 mℓ de azeite de oliva
3 colheres (chá) de açúcar
50 mℓ de vinagre
1 colher (chá) de sal
1 colher (chá) de pimenta-do-reino moída

Método de preparo

1. Descasque e lave a cebola. Corte em cubos de 0,5 cm.
2. Lave a pimenta-biquinho em água corrente. Corte em quatro partes com as sementes.
3. Lave e pique finamente a salsinha e a cebolinha.
4. Tempere com o azeite, o açúcar, o vinagre, o sal e a pimenta-do-reino.
5. Sirva.

Picles de
pepino salgado

Picles de
cebola roxa

Picles de
chuchu

Picles
asiático
de cenoura
e nabo

ACOMPANHAMENTOS

Picles de maxixe

Picles de pepino

+ acompanhamentos

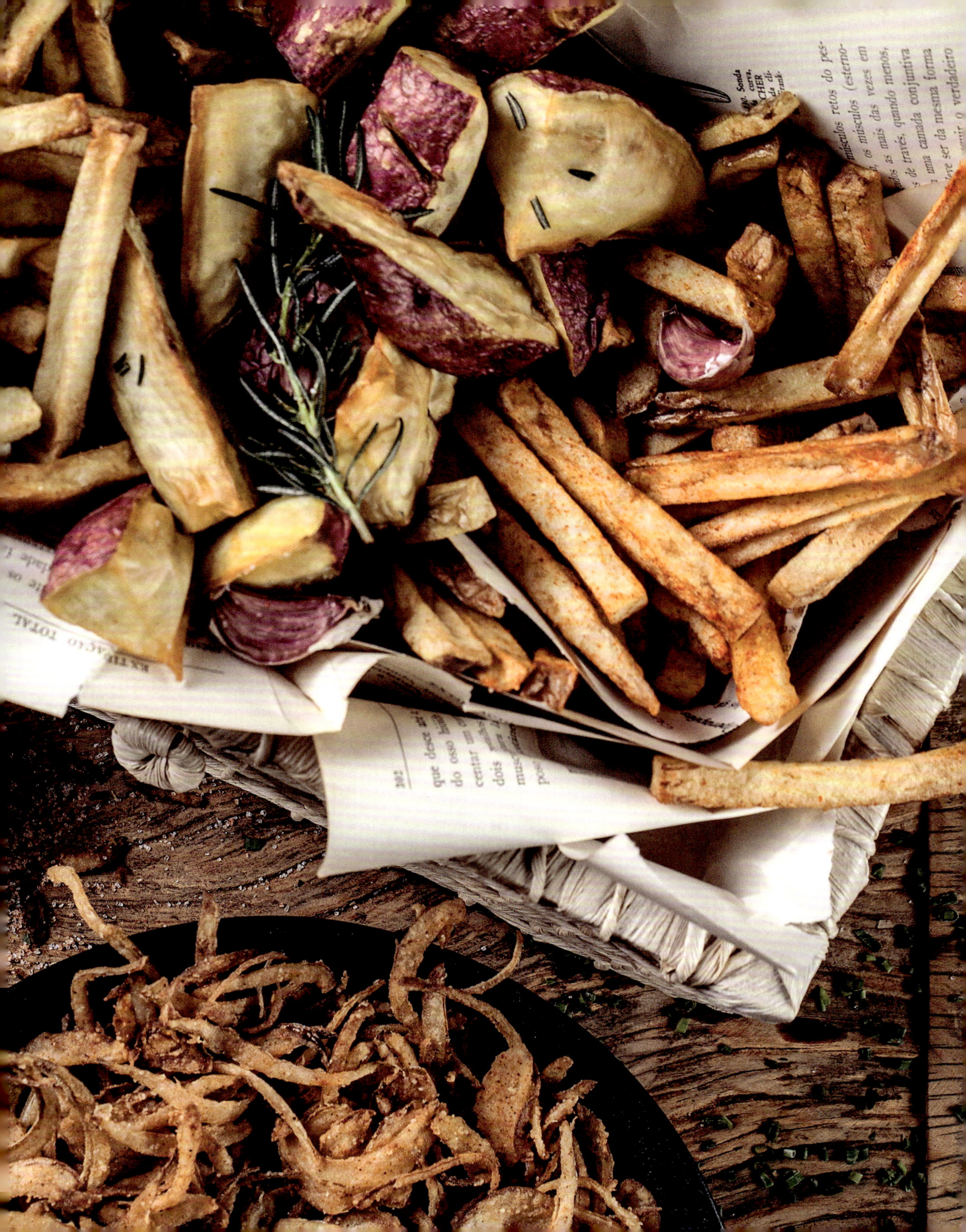

BATATAS FRITAS

Este clássico não pode ficar de fora. O mais famoso acompanhamento para sanduíches é sempre uma boa, crocante e saborosa batata frita. Apesar da origem andina da batata, sua associação com a técnica da fritura em óleo é europeia, cuja autoria é disputada entre a França e a Bélgica.

Ingredientes

600 g de batata asterix
1 ℓ de óleo vegetal
Sal a gosto

Método de preparo

1. Descasque e corte as batatas em palitos de 0,5 cm de espessura. Deixe-as de molho em água gelada até o momento de cozinhar, para que não oxidem.
2. Acrescente o óleo à panela até obter uma camada de 7,5 cm de altura. Preaqueça o óleo à temperatura de 120 °C.
3. Seque as batatas em papel-toalha.
4. Adicione as batatas e cozinhe em óleo até ficarem macias (cerca de 15 minutos – momento em que elas boiam). Retire-as e reserve em papel-toalha.
5. Eleve a temperatura do óleo para 170 °C. Retorne as batatas e frite até dourar (3 a 4 minutos).
6. Remova-as do óleo e coloque em outra travessa com papel-toalha para absorver o excesso de óleo.
7. Salgue a gosto e sirva.

BATATAS-DOCES FRITAS

Por que não surpreender seu convidado com um sabor diferente? A batata-doce frita é tão especial quanto a batata frita original e permite variar no acompanhamento perfeito dos sanduíches.

Ingredientes

400 g de batata-doce
500 ml de óleo vegetal
125 ml de água
Sal a gosto

Método de preparo

1. Descasque e corte as batatas em rodelas de 1 cm de espessura ou cunhas (wedges). Deixe-as de molho em água gelada até o momento de cozinhar, para que não oxidem.
2. Em uma panela antiaderente, junte as batatas cortadas, o óleo vegetal e a água.
3. Coloque a panela em fogo alto.
4. Umas vez douradas, retire as batatas-doces do óleo e disponha em outra travessa com papel-toalha para absorver o excesso de óleo.
5. Salgue a gosto e sirva.

Dica

- Essa técnica serve para todos os tipos de batata-doce, inhame, cará e até batata-inglesa.

BATATAS RÚSTICAS

As batatas rústicas são trabalhadas de forma mais simples, dando menos importância ao corte e mais ao sabor, e são marcadas pela presença da casca, assim como do alecrim e do alho, que ajudam a potencializar seu sabor.

Ingredientes

600 g de batata asterix
1 ℓ de óleo vegetal
6 dentes de alho
3 ramos de alecrim
Sal a gosto
Pimenta-do-reino moída a gosto

Método de preparo

1. Corte as batatas com casca em rodelas de 0,5 cm de espessura ou cunhas (wedges). Deixe-as de molho em água gelada até o momento de cozinhar, para que não oxidem.
2. Adicione o óleo à panela até obter uma camada de 7,5 cm de altura. Preaqueça-o à temperatura de 120 °C.
3. Seque as batatas em papel-toalha.
4. Acrescente as batatas e cozinhe em óleo até ficarem macias (momento em que elas boiam). Retire as batatas e reserve em papel-toalha.
5. Eleve a temperatura do óleo para 170 °C. Retorne as batatas com o alho e o alecrim e frite até dourar (3 a 4 minutos).
6. Remova do óleo e coloque em outra travessa com papel-toalha para absorver o excesso de óleo.
7. Salgue a gosto e sirva.

Variação

- Em vez de usar o alho e o alecrim, após fritar as batatas, polvilhe com dill picado.

COLESLAW

Esta salada fria de repolho e maionese tem ascendência europeia, a contar pelo seu nome, originário da palavra holandesa *koolsla*. Os imigrantes holandeses então levaram a receita para Nova York, a partir de onde ela se espalhou, e o coleslaw se tornou o acompanhamento de diversos pratos nos Estados Unidos – por exemplo, de sanduíches e de frituras, como frango e frutos do mar, e da costelinha ao molho barbecue.

Ingredientes

- 400 g de repolho verde
- 8 g de sal
- 5 g de açúcar
- 100 g de cenoura
- 25 g de cebola
- 15 g de uvas-passas (opcional)
- 15 g de nozes (opcional)
- Cebolinha para decorar (opcional)
- 15 g de mostarda
- 15 g de mel
- 2 g de pimenta-do-reino
- 150 mℓ de maionese clássica (VEJA A RECEITA NA P. 133)

Método de preparo

1. Passe o repolho em uma mandolina ou corte finamente.
2. Em um recipiente, coloque o repolho, o sal e o açúcar. Deixe desidratar por 20 minutos em uma peneira.
3. Rale a cenoura e a cebola.
4. Esprema o repolho até perder toda a água e reduzir o sal. Descarte essa água.
5. Junte a cenoura, a cebola e os opcionais, se for o caso.
6. Tempere com mostarda, mel, pimenta-do-reino e maionese.
7. Leve à geladeira e espere resfriar.
8. Mexa antes de servir.

Variação

- Caso queira, substitua metade da quantidade de repolho verde por repolho roxo, para dar um visual mais bonito. O preparo também pode ser feito somente com repolho roxo.

ONION RINGS

Segundo acompanhamento mais famoso do mundo dos sanduíches depois das batatas fritas, as onion rings dominaram o mundo e são servidas com diversos pratos.

Ingredientes

2 cebolas
1 ovo
150 g de farinha de trigo
1 colher (sopa) de azeite de oliva
2 colheres (chá) de páprica picante
Pimenta-do-reino moída a gosto
Sal a gosto
1 ℓ de óleo vegetal
1 colher (chá) de fermento químico em pó
300 mℓ de cerveja pilsen

Método de preparo

1. Descasque as cebolas e fatie em anéis de aproximadamente 0,5 cm de largura.
2. Coloque em um recipiente com água gelada e gelo, e leve à geladeira por 30 minutos.
3. Em outro recipiente, bata o ovo, adicione a farinha de trigo, o azeite, a páprica picante, a pimenta-do-reino e o sal, e misture.
4. Preaqueça o óleo a 180 °C.
5. Quando as cebolas estiverem geladas, retire-as da água e junte ao recipiente com a massa, o fermento químico e a cerveja.
6. Mergulhe as cebolas na massa e despeje diretamente em óleo para fritar a 180 °C.
7. Ao finalizar a fritura, por volta de 4 minutos, escorra os anéis e coloque-os em uma assadeira forrada com papel-toalha para absorver o excesso de óleo.
8. Sirva logo em seguida.

+ TEMPO DE CURA   6 SEMANAS

PICLES

O preparo de picles envolve uma técnica indiana de preservação de alimentos por imersão em vinagre temperado. São elaborados com vegetais e frutas, cozidos ou não. Os picles de pepino são certamente a mais clássica das conservas empregadas em sanduíches, apesar de dividir opiniões sobre sua utilização. Atualmente, o uso de ingredientes nacionais para produzir os picles reforça a nossa riqueza gastronômica.

PICLES ASIÁTICO DE CENOURA E NABO

Ingredientes

1 nabo
3 cenouras
2 colheres (chá) de sal
4 colheres (sopa) de açúcar
2 xícaras (chá) de água
1 unidade de alga tipo kombu (opcional)
20 g de gengibre
2 xícaras (chá) de vinagre de vinho branco
1 xícara (chá) de saquê

Método de preparo

1. Corte o nabo e as cenouras em lâminas de 0,2 a 0,5 cm de espessura. Se possível, utilize uma mandolina chinesa ou um fatiador de alimentos.
2. Misture o sal e 4 colheres (chá) de açúcar aos vegetais laminados e mexa por 3 minutos.
3. Lave os legumes em água corrente e deixe escorrer.
4. Coloque a água para ferver com o kombu.
5. Quando a água estiver fervendo, retire do fogo e adicione o gengibre, o vinagre, o saquê e o restante do açúcar.
6. Quando o líquido estiver frio, coloque os legumes em um pote e despeje-o por cima.
7. Guarde em geladeira por pelo menos uma noite para desenvolver o sabor.

PICLES DE CEBOLA ROXA

Ingredientes

150 ml de vinagre de maçã
100 ml de água
200 g de açúcar
Pimenta-do-reino moída a gosto
10 g de gengibre
Sal a gosto
2 cebolas roxas

Método de preparo

1. Em uma panela, junte o vinagre de maçã, a água e o açúcar, e tempere com pimenta-do-reino, gengibre e sal.
2. Deixe ferver por 15 minutos em fogo médio.
3. Lave os vegetais.
4. Descasque as cebolas roxas e corte-as, com uma mandolina chinesa, em lâminas de 0,2 a 0,5 cm de espessura. Reserve.
5. Coe a solução e despeje no recipiente com os vegetais laminados, até cobri-los.
6. Quando estiverem frios, leve para gelar.
7. Deixe marinar por pelo menos 24 horas.

PICLES DE CHUCHU

+ TEMPO DE CURA
4 SEMANAS

Ingredientes

2 chuchus
20 g de sal
200 ml de cachaça
300 ml de vinagre de maçã
300 ml de água
200 g de açúcar
Pimenta-do-reino moída a gosto
20 g de gengibre
Sal a gosto para temperar

Método de preparo

1. Lave e descasque os chuchus, corte em quatro horizontalmente e retire as sementes.
2. Acrescente 20 g de sal e deixe desidratar em uma peneira por aproximadamente 1 hora.
3. Em uma panela, junte a cachaça, o vinagre de maçã, a água e o açúcar, e tempere com pimenta-do-reino, gengibre e sal.
4. Deixe ferver por 15 minutos em fogo médio.
5. Lave o chuchu para retirar o sal e seque.
6. Coe a solução e despeje em um recipiente com os pedaços de chuchu até cobri-los.
7. Deixe curar na geladeira por 24 horas.
8. Para servir, corte em fatias.

PICLES DE MAXIXE

Ingredientes

150 ml de vinagre de maçã
100 ml de água
200 g de açúcar
Pimenta-do-reino moída a gosto
10 g de gengibre
Sal a gosto
4 maxixes

Método de preparo

1. Em uma panela, junte o vinagre de maçã, a água e o açúcar, e tempere com pimenta-do-reino, gengibre e sal.
2. Deixe ferver por 15 minutos em fogo médio.
3. Lave os vegetais.
4. Corte os maxixes com uma mandolina chinesa, em lâminas de 0,2 a 0,5 cm de espessura. Reserve.
5. Coe a solução e despeje no recipiente com os vegetais laminados, até cobri-los.
6. Quando estiverem frios, leve para gelar.
7. Deixe marinar por pelo menos 24 horas.

PICLES DE PEPINO SALGADO

Ingredientes

300 g de pepino (dê preferência a pepinos para conserva, de 1 a 2 cm de diâmetro)
300 ml de água
15 g de sal
1 dente de alho
1 xícara (chá) de dill fresco
1 colher (café) de semente de coentro
3 bagas de zimbro
1 colher (chá) de semente de mostarda
1 pimenta-vermelha
5 grãos de pimenta-do-reino

Método de preparo

1. Lave os pepinos.
2. Misture a água com o sal e acrescente os pepinos, deixando-os de molho de 1 hora a 1 hora e 30 minutos.
3. Junte os outros ingredientes e leve para gelar.
4. Utilize após dois dias.

PICLES DE PEPINO

Ingredientes

20 g de sal
500 g de pepino (dê preferência a pepinos para conserva, de 1 a 2 cm de diâmetro)
200 ml de vinagre de maçã
300 ml de água
400 g de açúcar
Pimenta-do-reino moída a gosto
1 dente de alho
1 colher (café) de semente de coentro
1 colher (chá) de semente de mostarda
2 pimentas-da-jamaica
3 bagas de zimbro
Sal a gosto
1 xícara (chá) de dill fresco
1 pimenta-vermelha

Método de preparo

1. Ferva uma panela com 2 l de água e 20 g de sal.
2. Se utilizar pepinos para conserva, lave-os e coloque-os inteiros na panela por 1 minuto. Depois retire e coloque em água fria para parar o cozimento. Reserve.
3. Se utilizar pepino japonês do tamanho normal, lave-os inteiros, corte em bastões de 3 dedos de comprimento e coloque na panela. Cozinhe por 2 minutos, depois retire e coloque em água fria para parar o cozimento. Reserve.
4. Em uma panela, junte o vinagre de maçã, a água e o açúcar, e tempere com a pimenta-do-reino, o dente de alho sem casca cortado ao meio, a semente de coentro, a semente de mostarda, a pimenta-da-jamaica, as bagas de zimbro e o sal.
5. Deixe ferver por 15 minutos em fogo médio e depois deixe esfriar.
6. Em um recipiente, junte o pepino drenado e a solução fria.
7. Adicione o dill e a pimenta, e leve para gelar.
8. Os picles ficam melhores após uma semana em conserva.

POTATO SKINS

Em vez de descartar as cascas das batatas, por que não aproveitá-las para um acompanhamento bem saboroso? As potato skins nada mais são do que crocantes e saborosas cascas de batata assadas! Também têm sua origem nos Estados Unidos e servem de acompanhamento ou aperitivo.

Ingredientes

600 g de batata asterix
100 g de manteiga
100 g de bacon
200 g de queijo cheddar (em peça, não em pasta)

Método de preparo

1. Lave bem as batatas.
2. Com a casca, corte-as em quatro pedaços no sentido do comprimento.
3. Retire a polpa, deixando uma borda de 0,5 cm.
4. Pincele as cascas com manteiga derretida.
5. Coloque papel-alumínio em uma assadeira, unte com manteiga e disponha as cascas de batata.
6. Leve ao forno médio (200 °C) por 20 minutos, com as cascas para baixo, até dourar.
7. Enquanto isso, pique o bacon em cubos pequenos e frite em uma frigideira.
8. Ao retirar as potato skins do forno, adicione o bacon frito e o queijo cheddar ralado.
9. Sirva com creme azedo (VEJA A RECEITA NA P. 128).

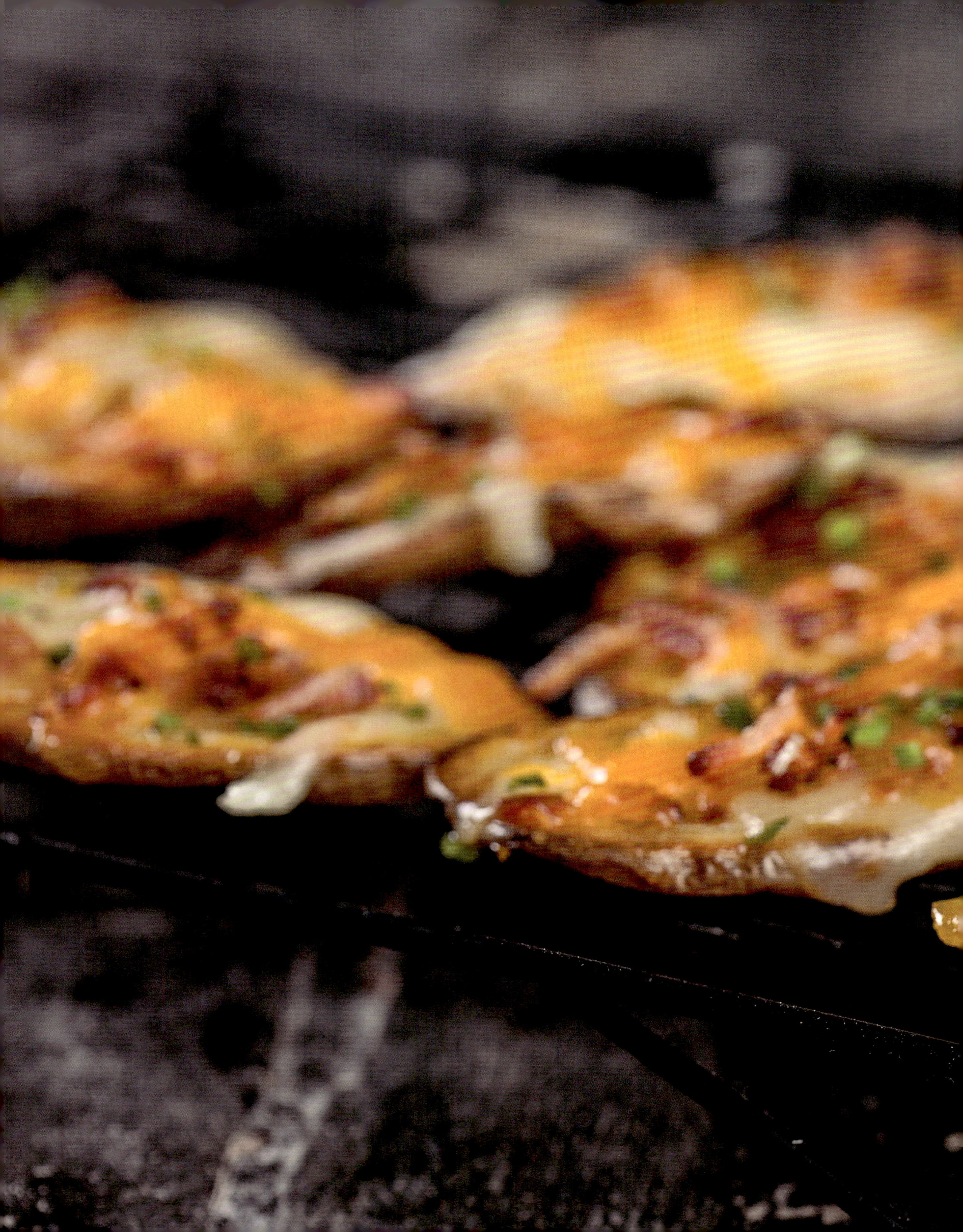

[Potato skins]

TOMATE E ALHO CONFIT

Ingredientes

6 tomates italianos
2 cabeças de alho
Sal a gosto
10 g (½ colher de sopa) de açúcar mascavo
1 folha de louro
Pimenta-do-reino moída a gosto
1 ramo de tomilho fresco
100 mℓ de azeite de oliva extravirgem

Método de preparo

1. Preaqueça o forno a 120 °C.
2. Corte os tomates em quatro pedaços e tire as sementes.
3. Em uma assadeira, coloque os tomates sem semente e as cabeças de alho.
4. Tempere com sal, açúcar mascavo, louro, pimenta-do-reino e tomilho.
5. Regue com bastante azeite de oliva.
6. Asse por cerca de 1 hora a 1 hora e 30 minutos, até os tomates desidratarem e o alho estar assado.
7. É importante abrir o forno regularmente para retirar a umidade que se forma em seu interior.

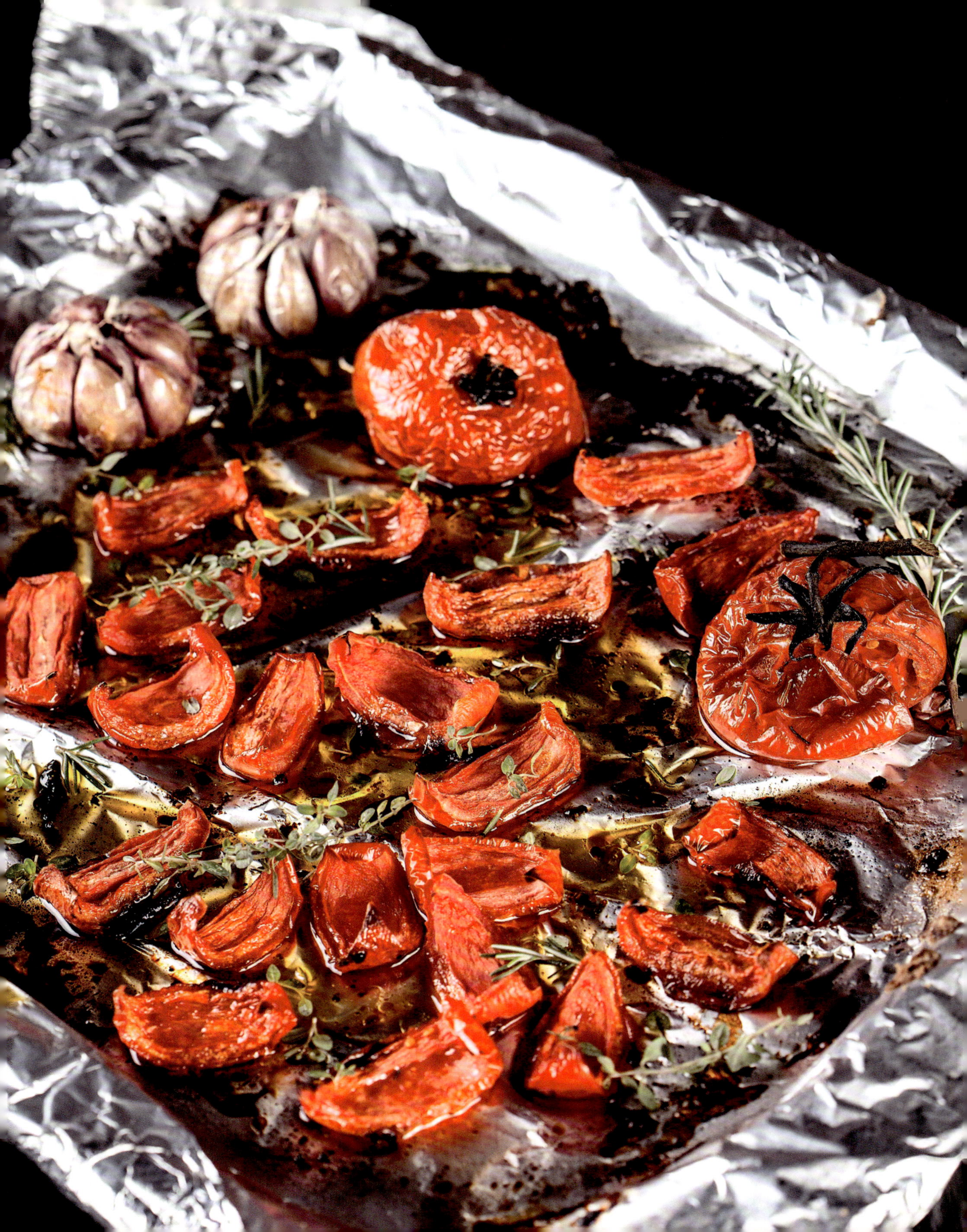

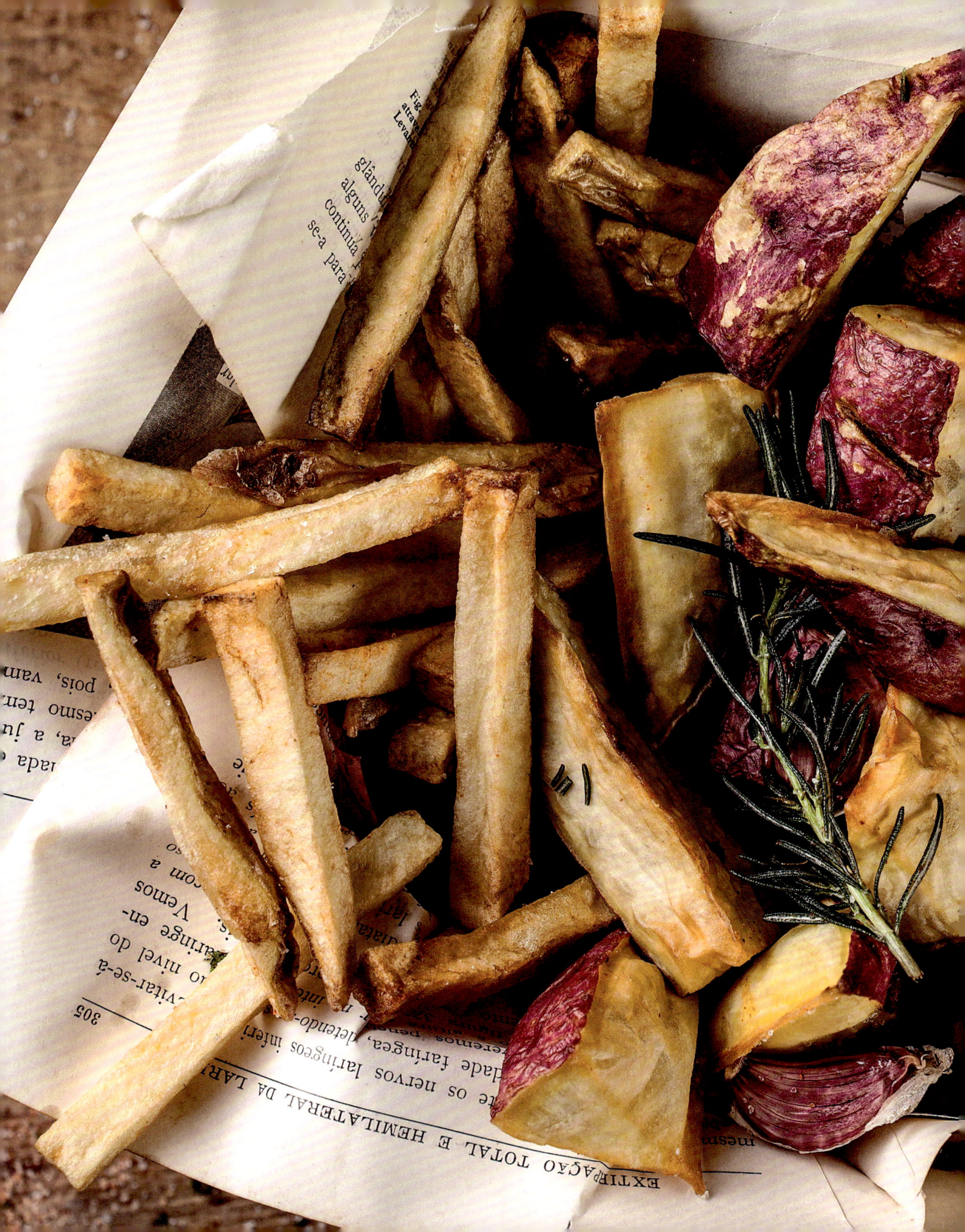

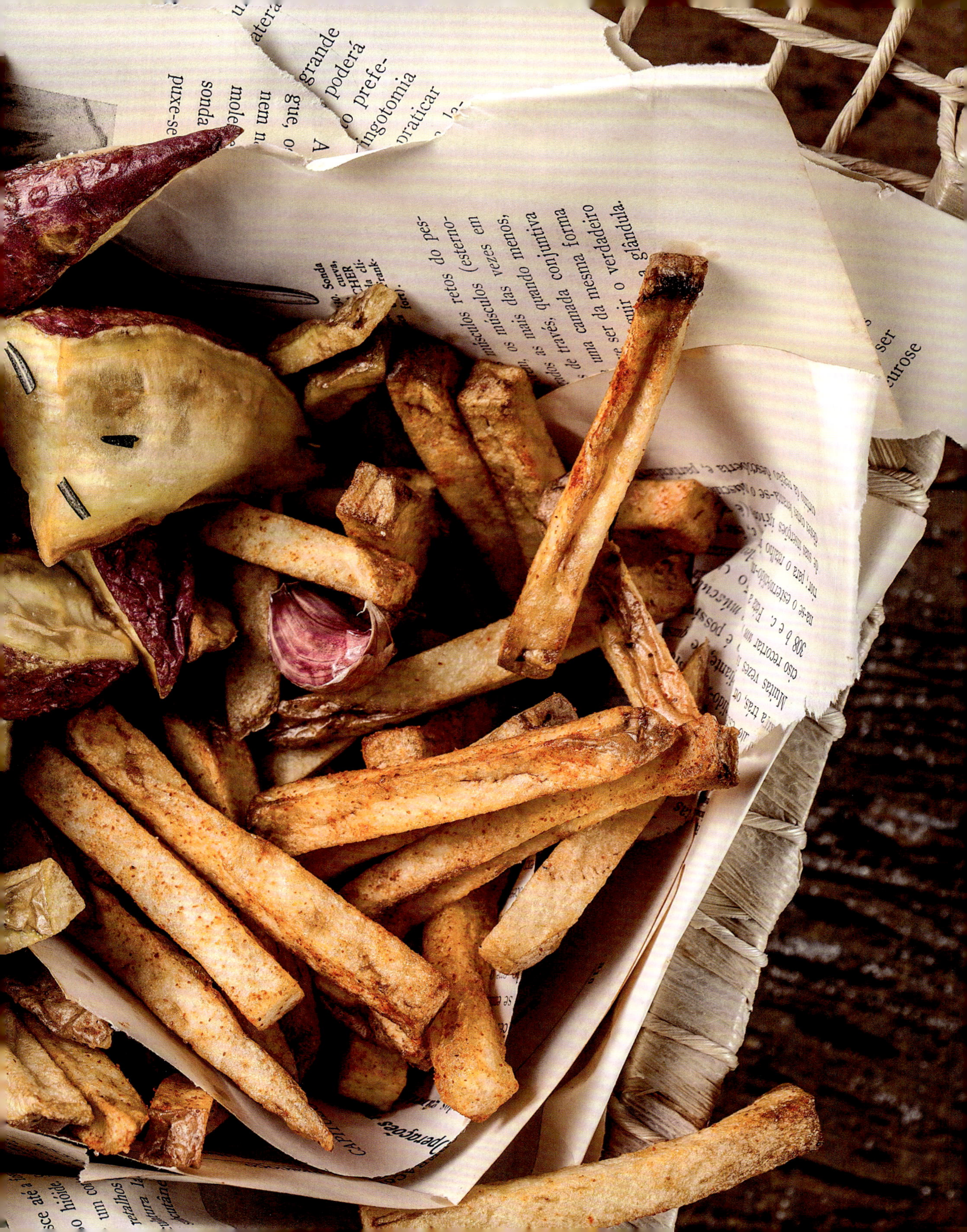

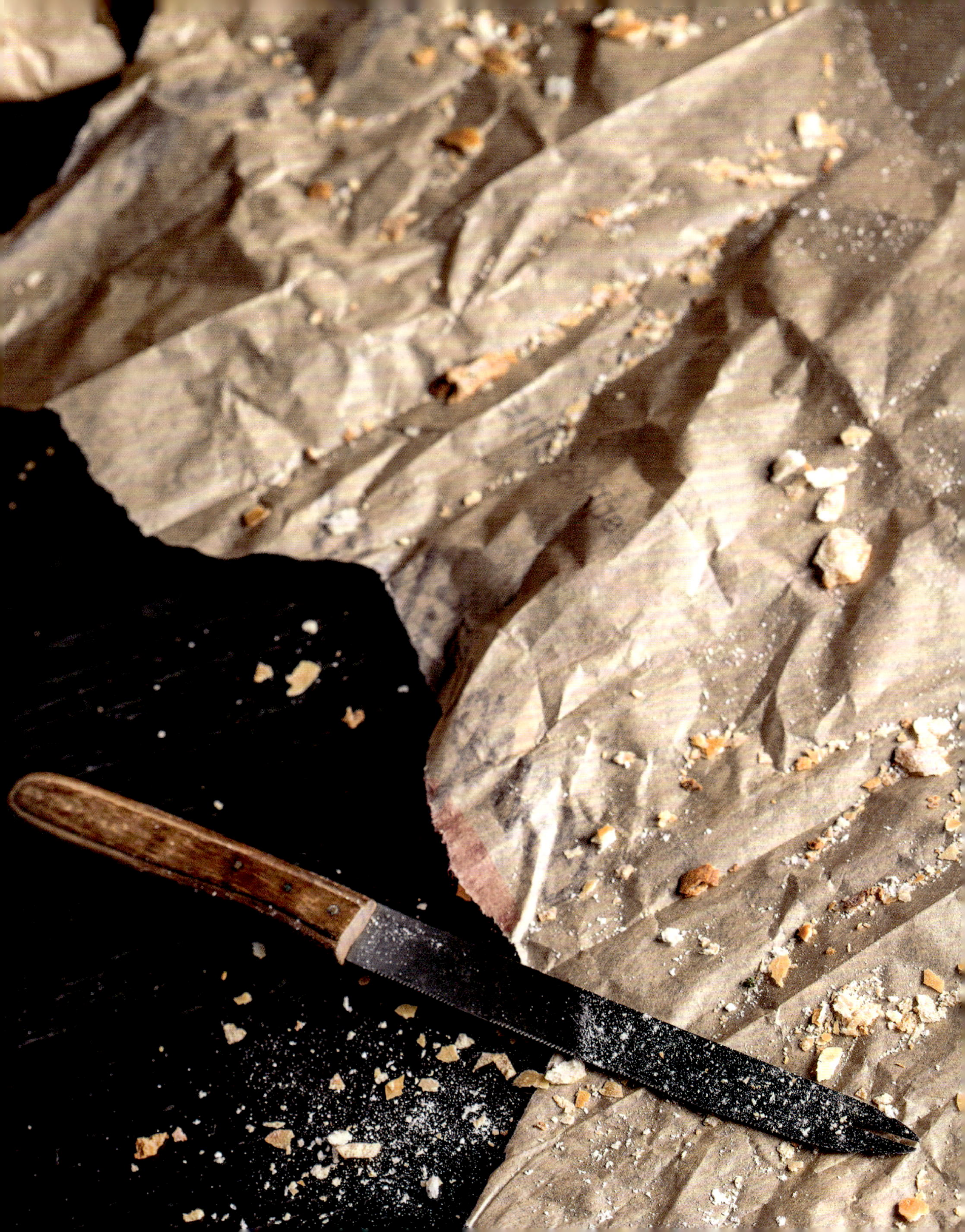

BIBLIOGRAFIA

INSTITUTO AMERICANO DE CULINÁRIA. *Chef profissional*. São Paulo: Editora Senac São Paulo, 2010.

INSTITUTO AMERICANO DE CULINÁRIA. *Garde manger: a arte e o ofício da cozinha fria*. São Paulo: Editora Senac São Paulo, 2014.

LACOCCA, Angelo. *Ponto Chic: um bar na história de São Paulo*. São Paulo: Editora Senac São Paulo, 2012.

LAROUSSE GASTRONOMIQUE. Londres: Hamlyn, 2001.

SMITH, Andrew F. *Hambúrguer: uma história global*. São Paulo: Editora Senac São Paulo, 2012.

WILSON, Bee. *Sandwich: a Global History*. Londres: Reaktion Books, 2012.

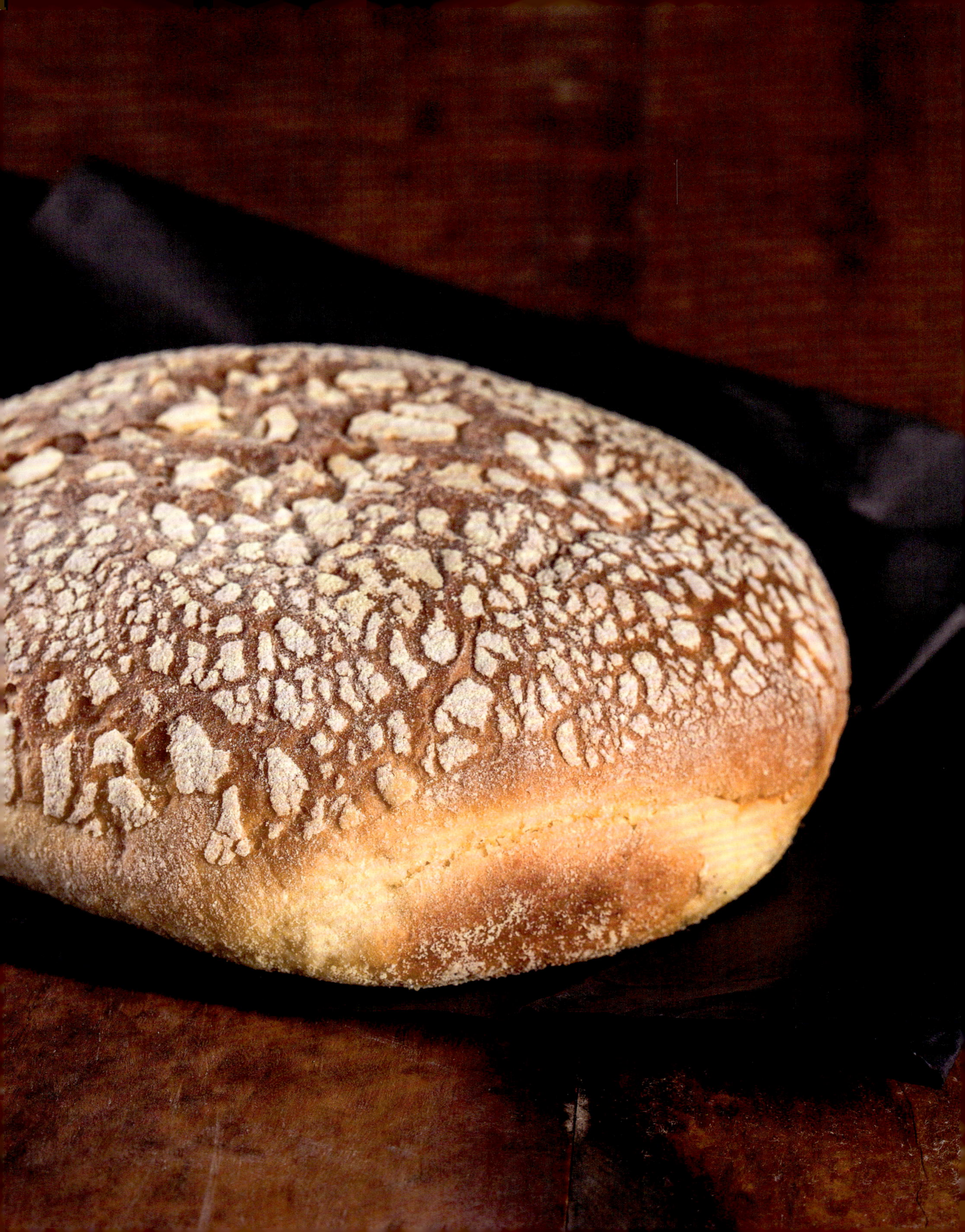

ÍNDICE DE RECEITAS

LANCHES

Bagel lox, 59
Bauru, 28
Beirute à milanesa, 30
BLT – Bacon, Lettuce and Tomato, 60
Boca de anjo – copa e gorgonzola, 33
Boca de anjo – rosbife, picanha defumada e queijo do reino, 34
Boca de anjo – sete frios, 35
Buraco quente, 37
Cachorro-quente clássico, 45
Calabresa, 38
Caprese, 63
Carne louca, 41
Cheeseburger inglês, 102
Chicken Bánh Mì, 64
Chili dog, 67
Churrasquinho com vinagrete, 42
Club sandwich, 68
Croque-madame, 72
Currywurst hot dog, 78
Falafel, 74
Gorgonzola e funghi, 71
Grilled vegetables sandwich, 81
Hambúrguer de cogumelos com tomate confit, 117
Hambúrguer de feijão-fradinho com raita, 121
Hambúrguer de feijão-fradinho e brie, 118
Hambúrguer de picanha brasileirinho, 108
Hambúrguer de picanha com maionese de wasabi, 111
Hambúrguer de picanha com queijo de cabra, 107
Hambúrguer de salmão e radicchio, 113
Hambúrguer de siri e queijo brie, 114
Hambúrguer recheado com queijo e picles de chuchu, 104
Honey and soy chicken wraps, 77
Massa de hambúrguer clássico, 93
Massa de hambúrguer de picanha, 93
Massa de hambúrguer de salmão, 96
Massa de hambúrguer de siri, 97
Massa de hambúrguer vegetariano de cogumelo, 98
Massa de hambúrguer vegetariano de feijão-fradinho, 99
Misto-quente, 46
Pulled pork, 82
Reuben, 84
Sanduíche de mortadela, 49
Sanduíche de pernil, 51
Turkey sandwich, 86
X-burguer, 101

ACOMPANHAMENTOS E MOLHOS

Barbecue, 126
Batatas fritas, 144
Batatas rústicas, 146
Batatas-doces fritas, 145
Chimichurri, 127
Coleslaw, 147
Creme azedo, 128
Geleia de pimenta, 129
Honey mustard, 130
Ketchup de goiaba, 132
Ketchup tradicional, 131
Maionese clássica, 133
Maionese de azeitonas, 133
Maionese de ervas, 134
Maionese de páprica, 134
Maionese de wasabi, 135
Maionese picante, 135
Molho de pimenta, 136
Onion rings, 148
Pesto tupiniquim, 137
Picles asiático de cenoura e nabo, 149
Picles de cebola roxa, 110
Picles de chuchu, 151
Picles de maxixe, 152
Picles de pepino, 154
Picles de pepino salgado, 153
Potato skins, 155
Tomate e alho confit, 158
Vinagrete clássico, 138
Vinagrete de limão-cravo e tomate-cereja, 139
Vinagrete de pimenta-biquinho, 139

VINÍCIUS EDUARDO FELIPE

VINÍCIUS CAPOVILLA
Bacharel em ciências biológicas pela UNICAMP, formado em tecnologia em gastronomia e pós-graduado em cozinha brasileira pelo Senac São Paulo, é sócio-proprietário da Saperian, agência de experiências gastronômicas. Atuou em eventos do Itamaraty e do Instituto Paulo Machado em Xangai, em 2013, durante as comemorações do Mês Cultural do Brasil na China. Também ministrou palestras sobre ingredientes nacionais na Fundação Alicia, em Barcelona, Espanha, e realizou ações de marketing gastronômico para empresas multinacionais. Hoje em dia atua no desenvolvimento de ações beneficentes de ensino de alimentação e cultura em Belém do Pará junto à Margot Botti e ao Instituto Criança Vida; e na criação de viagens enogastronômicas pela empresa Degustadores Sem Fronteiras. Também é responsável pela pesquisa e criação de conteúdo do restaurante Brasil a gosto, da *chef* Ana Luiza Trajano, além de ser produtor de seus livros e do programa de TV *Fominha*, para o canal GNT. É o atual *chef* de cozinha da Federação Australiana de Futebol desde a Copa do Mundo de 2014.

EDUARDO MANDEL
Formado em tecnologia em gastronomia pelo Senac São Paulo, é sócio-fundador da Saperian, agência pela qual realiza explorações gastronômicas no México e em Ubatuba (litoral de São Paulo). Também ministra palestras de inovação em gastronomia com a empresa de consultoria Akia. No Acre, atua na implantação de uma escola de gastronomia e hospitalidade junto ao governo do estado e à empresa Margot Botti Gastronomia e Cultura, além de prestar consultoria gastronômica a estabelecimentos locais e de ter criado a Feira Gastronômica de Mercado. É sócio-proprietário do restaurante Obá e também da Taquería La Sabrosa, ambos em São Paulo. Já realizou ações de marketing gastronômico para diversas empresas e participou da implantação de dois food trucks no Rio de Janeiro e em São Paulo.

FELIPE SOAVE VIEGAS VIANNA
Graduado em tecnologia em gastronomia pelo Senac São Paulo, atualmente cursa especialização em gestão escolar com pesquisa em alimentação escolar. Possui 14 anos de experiência no mercado de alimentos e bebidas (A&B), tendo realizado projetos de assessoria em diversos segmentos da área, e trabalhou por 5 anos em gestão de cozinha de buffet/catering. Atualmente é coordenador de desenvolvimento da área de gastronomia do Senac São Paulo, sendo responsável pela elaboração de estratégias para posicionamento da área no mercado de educação e de A&B por meio de programas educacionais, prospecção e criação de parcerias nacionais e internacionais e participação em projetos estratégicos.